감성총서 22

한국시가와 공감장

감성총서 22

한국시가와 공감장

인 쇄 | 2018년 6월 11일
발 행 | 2018년 6월 15일

저 자 | 조태성
발행인 | 정병석
발행처 | 전남대학교출판문화원

등록 | 1981. 5. 21. 제53호
주소 | 61186 광주광역시 북구 용봉로 77
전화 | (062) 530-0571~2 마케팅 530-0573
팩스 | (062) 530-0579
홈페이지 | http://www.cnup.co.kr
이메일 | cnup0571@hanmail.net

값 13,000원

ISBN 978-89-6849-507-6 (93810)

이 도서의 국립중앙도서관 출판예정도서목록(CIP)은
서지정보유통지원시스템 홈페이지(http://seoji.nl.go.kr)와
국가자료공동목록시스템(http://www.nl.go.kr/kolisnet)에서 이용하실 수 있습니다.
(CIP제어번호 : CIP2018018156)

이 저서는 2008년 정부(교육과학기술부)의 재원으로
한국연구재단의 지원에 의한 것임(NRF-2008-361-A00006).

조태성

한국시가와 공감장

감성총서 22

Chonnam National University PRESS

책머리에

사실 '한국시가'나 '공감'이라는 단어들이 주는 무게감은 결코 만만치 않다. 이 책 각 장의 제목으로 삼고 있는 '연대'나 '감정', '감성' 그리고 '심상'과 '상징' 등의 단어도 내가 감당하기에는, 부끄럽지만 아직은 호락호락하지 않다. 그럼에도 불구하고 이 책을 내놓는 까닭은 공감의 장들에 대한 여러 매개들의 구축 가능성 때문이다. 공감의 장들이야말로 내 삶과 내가 어울려야 하는 삶들의 숙명적 기반들이기 때문이기도 하다.

이 책에서 사용되고 있는 '공감장'이나 '감성적 근대(성)' 같은 용어들도 아직은 생소하다. 그만큼 정합하거나 보편적일 수는 없다 해도 그것들이 지향하는 바, 새로운 인간학, 감성인문학에 대한 천착은 결코 멈출 수 없는 노정이다. 미약하나마, 나는 한국시가에 대한 다시 읽기를 통해 그 출발의 지점들을 흩뿌려보고자 한다.

감성연구에 대한 지난 10여 년의 고민이 응당 새로운 결과로 탄생되었어야 하지만, 그렇게까지 충분하게 영글지는 못한 듯하다. 하여, 지난 몇 편의 글들을 모아 이렇게 한 권의 책으로 엮을 수밖에 없었다. 물론 모두 관련 학계에 발표된 글들이다. 그때마다 수많은 연구자분들의 글들에서 도움을 받아왔다. 각주나 참고문헌을 통해 일일이 밝히는 것으로 감사의 말씀을 대신하고자 하며, 혹여 의도치 않게 곡해되는 부분이 있더라도 연구자분들의 혜량을 바라마지 않는다.

더불어 감성이라는 화두를 붙들고 함께 씨름해오고 있는 전남대학교 호남학연구원 감성인문학연구단의 여러 교수님들과 연구원들, 그리고 전남대학교출판문화원 관계자 여러분들께도 감사의 말씀을 전한다. 무엇보다도 소중한 나의 아내 조향숙과 어느새 훌쩍 자라 아가씨가 되어 가는 예쁜 '양양이' 우리 윤서, 그리고 언제나 밝고 활기찬 수다쟁이 우리 '뿌따삐' 윤형에게도 사랑을 전한다.

2018년 6월

용봉골에서 조태성 씀

목차

제2부 감정과 감성

제3부 심상과 상징

제1부

공감과 연대

조선 후기 종교가사와 공감장

1. 종교, 가사, 그리고 공감장

조선 후기 종교가사를 읽는 방식은, 물론 너무나 당연하지만, 문학적이다. 서술상의 특징이나 문체의 변이 등을 비교하여 분석하는 경우가 많았고, 이런 특징 등이 종교적 가르침과 포교를 위한 것이라는 논의들이 많았기 때문이다. 그런 까닭에 당대 사회에 관한 기술은 그저 가사 산생의 배경으로만 존재하며, 따라서 가사들이 내세우는 평등이나 외세 배격 등의 가치는 당대 사회의 혼란과 맞물려 근대(성)의 주요한 키워드로 작동된다.

그러나 외세를 배격하거나 인간의 평등을 말한다고 하여 그것 자체가 근대성과 직결되는 것은 아니다. 종교가사가 그것을 표방한다고 하여 그것이 향유되던 당대를 근대사회라고 말할 수 없다는 것이다. 가사가 표방한 바를 그것을 향유하던 사람들이 얼마만큼 자기의 문제로 인식하고 실천하려 했는가, 나아가 그런 인식과 실천이 얼마만큼의 파급력을 가졌는가 등을 되짚어 볼 수 있어야 한다는 것이다.

즉 종교 혹은 종교성 그 자체가 아니라 그것을 지탱하는 '사람의 힘'은 무엇이었으며, 그런 힘들은 어떤 방식으로 구성되는지를 가사를 통해 구체적으로 밝힐 수 있어야 한다는 것이다. 이런 경우 필요한 몇 가지 방식 혹은 매개 중의 하나가 '공감'이라고 할 수 있다. 이런 공감을 구성하는 특정 장을 설정하고, 그 자장 아래에서 가사가 분석된다면 비로소 작품을 통해 드러내고자 했던 근대(성)의 한 부분이 재구성될 수 있다고 보는 것이다.

따라서 이 글에서는 공감장共感場 이론[1]을 토대로 당대 사회의 특정 장場의 형성, 특히 종교공감장의 형성과 그 투쟁의 과정을 살펴볼 것이다. 이는 지금껏 각기 설명되어 왔던 당대 종교들에 대한 문화사적 맥락의 해석을 넘어 그것들이 경쟁과 공존, 배제의 과정에서 어떠한 양상으로 투쟁해왔는지, 더불어 그것이 당대 사회에서 어떤 의미를 가질 수 있는 지 등등을 설명하는 일에 다름 아니다.

이런 과정은 근대라는 이름으로 당대를 규정짓는 일방적 방식에 대한 하나의 대안일 수도 있다. 다시 말해 획일화된 근대성 논리에서는 설명할 수 없었던 또 다른 시각과 그것의 정당성을 설명해줄 수 있는 대안적 방식을 내놓음으로써 또 하나의 근대를 설정해보려는 부차적 이유도 있다. 필자는 그것을 감성적 근대(성)라고 이름한다.

이러한 연구 목적을 달성하기 위해 이 글에서는 일정 부분 문학사회학적 이론의 일부를 원용하고자 한다. 문학사회학이 문학

현상을 한 계층의 집단의식으로 파악하고, 부분과 전체와의 이해와 설명을 시도하는 방법론이라는 점, 나아가 문학의 자율성과 사회성을 포괄할 수 있다는 점을 고려하기 때문이다. 즉, 이 글에서라면 특정 장에서 향유되었던 텍스트들을 통해 그것이 가지고 있는 종교적 의미가 무엇이었는지, 그것은 또 어떤 방식으로 당대 사회를 읽을 수 있게 하는 지에 대한 문학이론적 방식이라는 것이다.

우리 종교가사는 이러한 상황을 가장 적절하게 해석해 줄 소중한 문학적 자산이라고 할 수 있다. 주지하다시피 가사는 조선 후기에 들어 그 향유 방식에 변화를 겪게 되며, 또한 향유층 측면에서도 매우 다양한 변화를 수용한 시가라고 할 수 있다. 즉, 당대 정치·사회·문화적 맥락을 비교적 다양한 관점에서 포착하게 해주는 특이한 시가 장르라고 할 수 있는 것이다.

특히 "한국의 가사 문학사를 일별할 때 19세기는 가히 종교가사의 시대라 할 만하다. 천주교는 포교의 자유를 획득한 19세기 중엽에 최양업의 주도로 일군의 가사에 교리를 담아 펼침으로써 본격적인 포교의 시대를 열어나갔고, 이에 상응하여 동학교에서도 1860년에 최제우가 자신의 사상을 가사에 담음으로써 교리를 다듬어 나갔다. 천주교를 서학이라 규정하고 이에 상대적인 개념으로 동학을 신흥종교의 이름으로 삼은 것처럼, 동학교는 천주가사에 대한 대응의 한 양상으로 가사 형식을 원용하여 경전의 대용물로 활용하였다."[2]는 사실은 당대 종교가사의 면면을 단순하게 종교적 차원에서만 분석할 일이 아니라는 점을 시사한다.

이런 점을 염두에 두고 이 글은 우리 종교가사를 통하여 당대 사회를 조금 다른 방식으로 읽어보고자 하는 것이다. 특정 가사를 공유했던 특정 공감장들 사이의 관계, 그리고 그런 관계가 갖는 정치·사회적 의미, 나아가 대안적 근대를 모색할 수 있는 어떤 시사점을 포착할 수 있게 하는 지 등등을 천착해보겠다는 의미이다. 그리하여 우선 공감장이론에 대해서 살펴보고, 이어 이를 토대로 불교가사, 천주가사, 동학가사 등을 분석해보기로 한다.

2. 공감장이란 무엇인가

'공감장이란 무엇인가?'를 말하기 위해 필요한 전제적 개념은 감정과 감성, 그리고 당연하게도 공감이다. "개인적인 것으로 또는 인간의 본능적인 것으로서 귀속되고 포착될 때조차 감정은 언제나 사회적 감성이며 그래서 공감이다. 이는 감성이 관개체적 성격을 갖는다는 것, 더 나아가 그것이 발생하는 바탕이나 조건으로서 필히 사회성을 전제할 수밖에 없다는 것을 함축한다." 이는 사회를 반영하는 문학의 일면과도 상통하는 현상이라고 할 수 있다. 따라서 사회를 반영하는 문학과 그것이 향유되는 어떤 장에서 공감은 그것 자체로 문학과 사회를 분석하는 유용한 매개가 될 수 있다.

애초 "공감장은 감성의 사회적 성격을 해명하면서 동시에 한 사회의 변화발전을 담보하는 인간의 감성적 동인을 분석·비판하기 위해 고안된 개념이다. 그런데 여기서 반드시 짚고 넘어가야 할 것이 있다. 공감장 개념은 분석적 또는 비판적 개념이자, 동시에 구성적 개념"이라는 점이다. 적어도 공감장 이론 내에서 감성이 "의식 또는 무의식의 층위에서 일어나는 신체들의 마주침과 변용 그리고 그것의 발생적 바탕이나 조건을 동시에 고려한 용어" 임을 전제하다면, 사회를 구성하는 모든 "신체들의 마주침과 변용을 공감이라고 규정하고, 그러한 마주침과 변용의 발생적 바탕이나 조건을 공감장"이라고 말할 수 있다는 것이다.[3]

공감장론에서 혼용될 여지가 있는 '공감'에 대해서도 확실히 해둘 필요가 있다. 일반적으로 공감은 긍정적·부정적 감정을 가리지 않고 남의 감정을 자기 속에서 '재현'하여 남의 감정과 유사하게 재현된 이 감정을 '남과 같이 느끼는' 이심전심의 감정 '작용' 또는 이심전심의 감정전달 '능력'을 가리킨다[4]고 한다.

그러나 사회적 감성과 맞닿은 공감은 "'남의 감정, 의견, 주장 등에 대해 자기도 그렇다고 느낌'과 같은 사전식 풀이와는 퍽 거리가 있다는 점을 염두에 둘 필요가 있다. 아울러 공감이라는 용어에 일상적으로 따라붙는 긍정적인 도덕관념의 뉘앙스를 의도적으로 희석시킬 필요도 있다. 이를테면 감성이 상호적이라는 사태 그 자체가 긍정적이거나 부정적이어야 할 이유는 없기 때문이다."[5] 이런 측면에서 공감은 이제 'co-emotion'을 넘어 '공共-감感', 즉 'trans-emotion'에 가깝다고 할 수 있다. 공감장론의 출발은 고

정된 장이 아닌 역동적인 장을 견실하게 설정하는 것에서부터라는 의미이기도 하다.

더불어 이 글의 임무인 텍스트 분석과 관련하여 '공론公論'에 대해서도 언급하지 않을 수 없다. 종교가사 제작의 주요 목적 중의 하나가 특정 론論의 설파와 관련되어 있다고 보기 때문이다. 공론이란 말 그대로 특정 사회 혹은 공동체의 보편적인 의견을 말한다. 물론 '특정'에 한정되는 보편성이기에 그 보편성이 매우 주관적인 것임은 두말 할 나위가 없다. 그렇더라도 공론이 한 사회 혹은 공동체를 지탱하게 하는 하나의 조건임은 의심하지 않는다.

또한 공론이 하버마스식 공론장을 형성하게 하는 핵심 요건임에도 틀림이 없다. 그러나 이러한 공론장에서 층위에 관한 문제가 해결되었는지는 다시 의심해 볼 필요가 있다. 계층의 문제가 배려되었는지, 혹은 론論의 층위가 평면에 머물고 마는지 등등, 다시 말해서 각각의 층위들이 충분히 소통할 수 있고 교감할 수 있는 구조인지 다시 살펴보아야 한다는 것이다.[6] 이는 공감의 구조화, 즉 공감장의 형성과 관련된 매우 직접적인 문제이기 때문이다.

예를 들어 학문으로서의 서학과 종교로서의 천주교는 당시 어떤 계층에 의해, 또 어떤 방식으로 마주치고 소통하며 공유될 수 있었는지를 밝힐 수 있어야 한다는 것이다. 나아가 서학과 천주교가 각각의 공감장으로 형성되었다고 말하기 위해서는 각각의 공감장 내부에서 마주쳤던 특정한 층위들의 공감의 실체와 그 역동성을 밝힐 수 있어야 한다는 의미이기도 하다.

특정한 층위들은 언제나 개인이거나 혹은 개인적인 것들로부터 시작되지만 결코 그것으로만 끝나지 않는다. 서학과 천주교의 시작도 물론 그러하다. 그리고 그 시작은 개인의 감성 혹은 감성적인 것들로부터 비롯한다. 그러나 이런 것들은 "홀로 떨어져 있는 순간에조차 언제나 하나의 '무리'이다. 이러한 무리의 바탕이 공감장이다. 그 이유로 개체들의 마주침은 공감장'들'의 충돌(또는 교섭)로 나타난다. 이러한 충돌로부터 감정들의 모방·전염·전파와 같은 감정들의 동학이 발생한다. 뿐만 아니라 '이' 공감장과 '저' 공감장 사이의 모방·전염·전파를 통해 공감장들 사이의 융합·공명·확산·소멸이 이뤄진다."[7]는 것이다.

이런 양상은 후술할 당대의 서학과 천주교, 유교와 동학 등의 마주침의 양상, 혹은 특정 사건이나 종교의 내부 양상을 통해서도 충분히 확인할 수 있을 것이다. 예를 들어 그런 공감장이 동학이라면 이 "사건을 구성하고 있는 숱한 마주침들, 곧 '이질적 계열들 사이의 짝짓기, 체계 내에서의 내적인 공명, 그리고 기초가 되는 계열들 그 자체를 넘치는 규모의 강요된 운동들'로 분절한 후에 그것들을 감정의 동학으로 전사할 수 있다. 그리고 그로부터 '좋은 마주침'과 '나쁜 마주침', '강하게 하는 마주침'과 '타락시키는 마주침', '행위의 역량을 증가시키는 마주침'과 '감소시키는 마주침' 등을 식별할 수 있다."[8]는 것이다.

이렇게 본다면 남은 문제 중의 하나는 이러한 공감장이 어떤 방식으로 구조화 될 수 있을 것인가이다. 필자는 그것이 해당 공감장의 공론에 공감을 획득하거나 비판하는 양量과 조직화의 양에 비례하지 않을까 한다. 대개 공감장의 형성과 소멸은 이런 방식으로 진행되는 것으로 보인다. 그런 까닭에 공론이 공감을 획득하는 방식 또한 중요할 수밖에 없다는 것이다. 그런 방식들은 때로 작게는 노래이거나 구호이거나 문학이거나, 크게는 시위 혹은 봉기이거나 혁명 같은 것일 수도 있다. 이어질 내용에서 확인할 사항이 바로 이에 관한 것들이라고 할 수 있다.

이상을 정리해 보면 애초부터 공감장은 '감感'과 같은 원초성들이 파장을 일으키기 시작하는 바로 그 지점에서 태동한다. 이때의 원초성 혹은 어떤 성격들이 바로 무의식적 자각[9]인 것이며, 그것이 의식화될 때[10] 공감장이 형성된다는 것이다. 봉기나 촛불광장의 경우가 대표적 사례라고 할 수 있다. 이 점이 바로 특정 사회적 여건 아래에서 형성되는 공론장과의 차이점이라고 할 수 있을 것이다.

더불어 주목해야 할 부분은 드러나지 않은 공감장들이다. 사실 합리적으로 설명할 필요가 없는 수많은 공감장들 중에서 설명될 수 있는 구체적인 공감장이 형성되는 까닭에 대해서도 논구할 필요가 있다는 것이다. 예를 들어 설명가능한 공감장은 그 구성원들이 정치적 행위를 촉발해야 할 계기가 발생했을 때, 그 촉발의 정당성을 공론화시키는 것이고, 그렇게 공론장을 형성함으로써 다시 그 공론장에 대한 공감을 획득할수록 구체적이고 주도적인, 즉 설명가능한 공감장이 형성될 수 있다는 점 등이 증명되어야 할 것으로 생각된다.

또한 이런 구체적인 공감장이 존재함으로써 이에 저항하거나 이를 전도시키는 공감장이 생겨날 수 있는 것으로 보아야 할 것이다. 서학과 동학의 대립과 투쟁, 개화파와 척사파의 대립과 투쟁 혹은 생성과 소멸의 과정 등이 이런 관점에서 보다 현실적으로 분석될 수 있다는 것이다. 다음 장에서는 당대의 텍스트, 특히 종교가사를 중심으로 이러한 양상을 분석해보기로 한다.

3. 조선 후기 종교공감장의 형성과 투쟁의 양상

3.1. 거리두기 : 유·불 공감장의 공생

이 장에서 종교공감장의 형성을 말하기 위해 우선 필요한 전제는 유학의 종교적 측면을 인정해야 한다는 점이다. 사상이자 종교로서의 유학이 조선시대를 관통했었다는 역사적 사실을 배경으로 두어야 이와 투쟁하는 다양한 공감장들의 형성과 투쟁, 계승과 소멸의 양상 등이 설명될 수 있다는 의미이다. 역으로 보자면 유학은 조선 후기 본격적으로 형성되는 다양한 공감장들의 투쟁 조건이자 원인이 될 수도 있다는 것이다.

우선 18세기 조선 유학의 성격은 연암 박지원(1737~1805) 등으로 대표되는 실학자들의 등장에 의해 커다란 변모를 겪는다. 유학이라는 통시대적 거대 공감장 내부에서 새로운 공감장이 형성되는 첫 모습을 찾아볼 수 있는 것이다. 이 시기까지 조선의 유학이 '예학禮學'과 '사장학詞章學'으로 지탱되어 왔다면, 이것들이 가지고 있던 비현실성을 지적하면서 실용實用을 강조하는 실학이 등장한다. '예'와 '사장'의 공론에서 '실용'의 공론이 대두되기 시작했다는 의미이다.

이를 가사문학사적 측면에서 보자면, 이 시기까지 '강호은일류'의 가사가 주류를 이루다가 이 시기를 전후하여 그것과는 성격이 다른 가사들이 등장함을 볼 수 있다. 김익의 〈권농가〉, 정학유의 〈농가월령가〉 등이 대표적이라고 할 수 있다. 물론 이들 작품들은 유교 이념을 직접 설파하지는 않지만, 유교 윤리와 덕목을 현실에서 적용시켜 실천하자는 내용을 배경으로 하면서도 '농업'을 내세우고 있다. 이는 이전 유학자들의 작품들에서는 볼 수 없었던 내용이라고 할 수 있다. 유학이라는 공감장 내부에서도 새로운 공감장이 형성되고 있었다는 점을 포착할 수 있는 현상인 것이다.

그러나 그것들 사이에서의 뚜렷한 갈등은 보이지 않았다는 역사적 사실은 이들 사이에 공유되었던 공론의 유사성 때문이었다고 볼 수 있다. 실학자들 역시 유학자의 범주에서 벗어나지 않으며, 그들 사상의 근저 또한 유학이었기 때문이다. 그간 유학이 소홀했던 '현실'을 실생활을 통해 다시 담아야 한다는 일종의 '반성'이라고도 할 수 있을 것이다.

한편 불교는 '참선'과 '염불' 그리고 '강학'을 통해 조선시대를 관통해 왔다. 이런 현상은 18~19세기에 이르러서도 크게 다름이 없지만, 이 시기에는 불교가사와 이의 판각을 통한 포교활동에 집중했다는 점[11]이 주목된다. 그렇다고 해서 수적으로 그 양이 매우 풍부해졌다는 의미는 아니다. 당시 사회 상황에 비추어 볼 때, 즉 서학과 동학으로 대표되는 또 다른 종교공감장들이 다양한 주제의 가사를 제작하였다는 사실과 비교해 볼 때, 당대 불교가사의 전반적인 상황은 매우 이질적인 현상으로 비춰질 수도 있다. 여기에서 잠깐 불교가사의 전개 양상을 사적으로 개괄해보기로 한다.

사실 우리 가사문학은 14세기 후반 나옹화상(1320~1376)이 지은 〈서왕가〉 등에서 시작한다. 이후 조선이 건국되고 이어 15세기 말에 이르기까지 오늘날 전해오는 불교가사가 단 한 편도 없다는 점도 특기할 만하다. 16세기에 이르면 휴정(1520~1604)이 지은 〈회심곡〉이 있어 겨우 그 명맥을 계승한다. 이 작품은 대체로 인과응보사상을 고취하면서 일념으로 염불하며 수행득도하여 극락연화대에 올라 태평곡을 부르라고 권면하고 있다. 17세기에는 침굉화상(1616~1684)이 〈귀산곡〉, 〈태평곡〉, 〈청학동가〉의 삼 편을 지어 사대부가사의 전유물처럼 여겨졌던 물외한정物外閑情을 노래하기도 하였다.

한편 18세기에 들어서면서 용암대사는 모두 143구로 된 〈초암가〉를 지었는데, 마치 유가에서 삼강오륜으로 집을 짓자는 〈인택가〉와 비슷한 내용이다. 따라서 불교의 수행을 권면하되 초당을 짓는 일에 견주어 표현한 교훈가였다고 할 수 있다. 또 인혜신사 지형이 남긴 〈전설인과곡〉, 〈수선곡〉, 〈권선곡〉, 〈참선곡〉 등은 당시의 불교가사가 질적으로나 양적으로 크게 발전했던 사실을 입증해 준다. 이 시기 특기할 만한 사실은 유가의 선비였던 삼연 김창흡(1653~1722)이 〈염불가〉라는 가사를 지어 유학자로서는 유일한 불교가사 작가가 되었다는 점이다.

19세기에 이르면 가사 장르 자체가 향유층과 소재의 확대를 통해 전반적으로 융성하는 데 반해 불교가사만큼은 오히려 퇴보한 듯한 인상을 준다. 이 시기에는 이벽의 지은 〈천주공경가〉에 이어 정약종의 〈십계명가〉 등 각종의 천주가사가 등장했으며, 또한 새롭게 창도한 동학에서도 그 교리를 서민층에 널리 포교할 목적으로 〈용담가〉, 〈교훈가〉, 〈몽중노소문답가〉, 〈수도가〉, 〈도덕가〉, 〈흥비가〉 등이 제작되었던 시기였다. 이러한 사회환경 속에서 불교가사도 응당 많은 작품이 나왔어야 할 것인데, 오직 동화화상이 지은 〈권왕가〉만이 전하는 형편이다.

19세기 말에서 20세기 초에 이르러서야 경허당(1849~1912)이 〈참선곡〉과 〈가가가음〉, 〈법문곡〉의 세 편, 그리고 학명선사(1867~1929)가 〈원적가〉, 〈왕생가〉, 〈신년가〉, 〈참선곡〉, 〈해탈곡〉, 〈망월가〉 등 6편의 가사를 지어 다시금 불교가사의 명맥을 잇는다. 그러나 이 시기에는 〈사향가〉, 〈천당가〉, 〈지옥가〉 등의 천주가사가 유행하고, 또한 60여 편의 동학가사가 제작되기도 하였다.[12] 이전 시기와 비교해 불교가사가 많아진 것은 불교계 자체의 반성을 바탕으로 천주교와 동학의 교세 확장 움직임에 영향 받은 바가 큰 것으로 보인다.

(상략)

起心하면 天魔이고　　不起하면 陰魔이며
其不起는 戱論魔니　　이러키로 혜아리면
무삼 方便 行하와야　　허물된 병 다 고치고
眞實道로 精進할꼬　　理로 듣고 혜올진대
聖賢凡夫 둘 업시며　　古今始終 차제 업서
八萬四千 가즌 법문　　無非 허물 다 될지며
허물이라 하올진대　　凡夫난 永作凡夫
聖賢은 本來聖賢　　明昧利鈍 의론할까
허물 중에 善察하면　　眞實道에 절로 들어
허물 아니 되난 妙理　　그 중에 있나니라

(하략)[13]

위 작품은 인혜신사 지형의 〈참선곡〉 중 일부이다. 작품의 본사에 해당하는 일부분으로, "허물들만이 만무하는 가운데 '어찌하면 그러한 허물들을 벗어날 수 있는가' 하는 문제를 제기하며 그에 대한 해답을 찾는 부분이다. 허물이라 일컬었던 그 모든 것의 이면에는 반드시 그 허물을 벗어나게 할 방편이 있으니 빈부귀천할 것 없이, 과거·미래·현재 할 것 없이 그 이면의 묘리를 찾을 것"[14]을 설파하고 있다.

이처럼 18세기 당시 불교가사의 주제는 조선 전기에 제작된 작품들의 경우에서 크게 벗어나 있지 않으며, '참선'에 좀 더 치중할 뿐이다. 대체로 '강학'이나 '염불'보다는 '참선'에 무게를 두어 불승들에 대한 불심 강화에 목적을 두고 있음을 볼 수 있다. 이로 보면 당시 불교가사는 포교보다는 성찰과 개혁에 소용되었던 것임을 알 수 있다. 그런 까닭에 그 내용 또한 불교의 교리 설파나 참선의 의의 등에서 벗어나지 않으며, 현실을 논하거나 비판하지도 않는다. 생존을 위한 다른 공감장들과의 철저한 '거리두기' 방식이라고도 할 수 있다.

사실 불교는 조선이 건국한 이래 산중종교가 되었다고 보아도 무방할 듯싶다. 고려왕조에서처럼 정치·사회·문화의 핵심이었던 시절과는 달리 유학이 국가이념이었던 조선에서는 그것과 일정한 거리를 두지 않고서는 존립 자체가 위태로웠을 수도 있었을 것이다. 이런 현상은 조선 중기 이후 더욱 두드러졌다고 보인다. 그럼에도 불구하고 이러한 거리두기는 조선 후기에 이르면 오히려 문화적 맥락에서는 상호 우호적 관계로 발전하는 계기가 되었다.[15]

이러한 양상은 앞서 언급한 지형과 경허 그리고 학명이 활동하던 시기의 상황과도 일정 부분 부합하는 모습을 보인다. "즉 정조가 아버지인 사도세자의 명복을 빌기 위해 수원에 용주사를 세우고, 은중경恩重經을 주석·편찬했던 시기와 맞물리고 있는 것이다. 불교가 지배체제를 옹호하는데 일정 정도의 기여를 하고, 또 당시 유가로서는 감당하지 못했던 부분을 불가에서 다지는 것을 임무로 맡아 어느 만큼의 인정을 획득하였다"[16]는 것이다. 이는 불교가사가 유학자에 의해서 제작되기도 하였다는 점에서 좀 더 실증적인 사례가 되기도 한다. 김창흡(1653~1722)의 〈염불가〉는, 비록

22구의 단형이기는 하지만, 당시 불교에 대한 유학자들의 우호적 관심을 확인할 수 있는 부분이라고 하겠다.

더불어 "유학과 불교는 이치를 따지더라도 다르지 않고, 문화적인 수준에서도 격차가 없으니 불교를 구태여 배격하지 말아야 한다는 늘 되풀이해온 주장을 다시 펴는 데 한걸음 더 나아간 사람이 있었으니 인악 의점(1746~1796)이다. 그는 불교가 지배체제를 옹호하는 데 기여하고, 유학으로는 감당하기 어려운 초경험적인 질서를 다지는 것을 임무로 해서 존재의의를 확인하자는 노력이 다시 성취되는 것 같았다. 그러나 지배체제를 흔들어놓는 사태가 계속 벌어지는 판국이라 유학에 매달리려는 불교는 함께 망하지 않을 수 없었다. 유학에서는 사회 모순과 민중 항거를 인식하고 이에 실학으로 대처하자는 움직임이 세차게 일어났지만, 불교는 거기 상응하는 혁신을 하지 못했다."[17]는 진술도 이러한 '거리두기'의 부정적 맥락을 뒷받침한다.

결국 승려와 유학자라는 확실한 신분상의 차이 나아가 이런 '차이들의 마주침'이 오히려 이와 같은 현상을 만들어냈을 것으로 생각된다. 일면 자신이 속한 공감장과는 또 다른 공감장에 대한 우호적 관심이라고도 할 수 있겠다. 이런 관계들에서는 공감장들 사이에서의 투쟁은 물론이거니와 내부에서의 투쟁도 형성될 여지가 없어 보인다. 애초부터 전혀 다른 구성원들로 형성된 별개의 공감장이었기 때문이다.

3.2. 맞서기 : 서학과 동학, 그리고 유학의 투쟁

조선 후기 종교공감장의 형성과 투쟁을 가장 뚜렷하게 목도할 수 있는 경우가 바로 서학과 동학이라고 할 수 있다. 우선 시기적으로 먼저 형성된 서학의 경우를 살펴보고, 이에 대한 파장으로서의 동학의 경우를 살펴보고자 한다. 개략해보면 종교적 맥락에서 서학에 대한 반발로서 동학이 형성되고, 그런 반발로부터 두 공감장의 투쟁이 벌어진다. 그러나 이러한 투쟁은 초기 현상에 그칠 뿐이며, 이후 동시대의 거대 공감장–유학–과 각각 투쟁하는 양상을 보인다.

서학은 이미 16세기말 명·청에 사신으로 드나들던 학자들에 의해 도입되었다. 주시하다시피 이때 서학은 천주교라는 종교적 성격보다는 서양의 학문쯤으로 이해되었다. 그러다가 18세기 후반에 이르러 이벽, 이승훈, 정약용 등의 실학자들에 의해 종교로 받아들여지게 된다. 당시로는 특유의 평등사상을 내세움으로써 신자들을 확보해갔지만, 효의 상징인 제사를 부정함으로써 유교사회인 조선에서 커다란 사회문제를 일으키게 되었다.

유학이라는 기존의 거대 공감장 내부에서 그 구성원들에 의해 하나의 종교공감장이 새롭게 형성되면서 본격적인 공감장들 사이의 투쟁이 시작되었던 것이다. 이런 투쟁의 실증적 양상이 바로 박해迫害라고 할 수 있다. 그럼에도 불구하고 천주교는 꾸준히 교세를 확장해 갔으며, 조선말에 이르면 외세와의 결탁이라는 우려 속에 대대적인 탄압을 받게 되었다. 이제 이런 과정을 가사를 통해 살펴보기로 한다. 먼저 〈천주공경가〉이다.

어화세상 벗님ᄂᆡ야 이네말ᄉᆞᆷ 드러보쇼
지븐에ᄂᆞᆫ 어른잇고 ᄂᆞ라에ᄂᆞᆫ 임군있네
네몸에ᄂᆞᆫ 령혼있고 ᄒᆞᄂᆞᆯ에나 텬쥬있네
부모의게 효도하고 임군에난 충셩ᄒᆞ네
ᄉᆞᆷ강오륜 지켜가ᄌᆞ 텬쥬공경 웃듬일세
이ᄂᆡ몸은 죽어저도 령혼ᄂᆞᆷ아 무궁ᄒᆞ다
인륜도덕 텬쥬공경 령혼불멸 모르며는
사ᄅᆞ셔ᄂᆞᆫ 목셕이요 주거서난 듸옥이라
텬쥬잇다 알고서도 발ᄉᆞ공경 ᄒᆞ지마쇼
알고서도 아니ᄒᆞ면 죄만점점 싸인다ᄂᆡ
죄짓고서 두러운ᄌᆞ 텬쥬없다 시비마쇼
아비업ᄂᆞᆫ ᄌᆞ식밧나 야의없ᄂᆞᆫ 음듸잇ᄂᆞ
임군용안 못ᄇᆡ앗다 ᄂᆞᄅᆞᄇᆡᆨ셩 아니런가
텬당지옥 가보왓나 셰ᄉᆞᆼᄉᆞᄅᆞᆷ 시비마쇼
잇ᄂᆞᆫ텬당 모른션비 텬당업다 어이아노
시비마쇼 텬쥬공경 미더보소 ᄭᆡ다르면
영원무궁 영광일셰

〈천주공경가〉[18]

천주가사가 천주교의 교리를 설파하기 위한 목적으로 제작되었다는 사실은 분명하다. 위 〈천주공경가〉는 이벽(1754~1786)이

지었다고 알려진 가사이다.[19] 아직은 종교공감장으로서의 시작을 알리는 시기였기에 기존 공감장과의 충돌을 최대한 자제하는 내용으로 구성되어 있다. 즉, 유교의 이념적 가치를 충실하게, 먼저 반영하는 모습을 볼 수 있다. 1~9구까지는 가사의 유교적 제작 관습을 차용하여 충과 효라는 유교적 가치[20]를 먼저 노래하고 있는 것이다.

이런 현상은 이벽 등을 위시한 몇몇 실학자들이 그들의 학문과는 별개로 서학을 천주교라는 종교로서 받아들이면서 애초에 자신들이 가지고 있던 학문과의 충돌 가능성을 전혀 고려하지 않았기 때문이라고 보인다. 오히려 천주교 이전의 서학은 그들이 내세운 실학과도 별개의 학문이 아니라는 인식을 가졌던 듯 보인다. 그런 까닭에 이 노래에서 유교적 가치가 드러나는 일도 이들에게는 전혀 이질적인 현상이 되지 못했던 것이다.

이들 공감장 사이의 충돌은 이벽의 〈천주공경가〉가 불렸던 시기에 벽위가사闢衛歌辭도 함께 등장하였다는 사실로 미루어 짐작해 볼 수 있다. 벽위가사란 한 마디로 서학을 비난하는 가사이다. 이가환(1742~1801)은 이벽과 교유관계에 있던 학자로 애초에 〈경세가〉를 지어 천주교를 비판했던 인물이다. 훗날 천주교도로 처형되긴 하였지만, 그는 이 노래를 통해 "천주교가 성행하는 것을 경계하고, 천주를 공경하지 않으면 죄가 많아 지옥 간다는데, 천만 년 동안 동방 땅에 죽은 사람 억조창생이 모두 다 지옥 갔던가 하고 물었다."[21]고 한다.

이러한 서학공감장의 상황들과는 별개로 19세기 중반에 이르면 새로운 민족종교공감장이라고 할 수 있는 동학이 등장한다. 일단 그 명칭에서도 알 수 있듯이 동학은 서학에 대한 부정적 마주침으로부터 발흥하였다. 당시 "안동김씨 세도정권이 국정을 농단하면서 수탈을 더욱 가혹하게 해 사방에서 민란이 터져 나왔다. 서학西學 때문에 커다란 파문이 일어나더니, 서양에서 온 이상스러운 배가 근해에 출몰해 불안을 고조시켰다. 영국과 프랑스 함대가 북경을 점령해 청나라를 굴복시킨 바로 그 해인 1860년에 최제우가 득도를 한 것은 우연이 아니다. 최제우의 동학은 내부적인 위기의 인식에 근거를 두었을 뿐만 아니라, 서학에 대응하는 것도 긴요한 과제로 삼았다. 서학에 맞서고자 해서 동학이라고 했다."[22]는 것이다. 이에 더해 동학은 외세의 배척에도 분명하게 관심을 두고 있었다. 이런 양상은 최제우가 지은 가사작품들에서도 구체적으로 나타난다.

① 요악ᄒᆞᆫ 고인물이 할말이 바이업셔
서학이라 일홈하고 원동ᄂᆡ 웨ᄂᆞᆫ말이
사막년 뎌인물이 셔학에나 ᄊᆞ잡힐ᄭᆡ

소위셔학 하ᄂᆞᆫ사ᄅᆞᆷ 암만봐도 명인업네
셔학이라 일홈하고 내몸발쳔 하렷던가 〈안심가〉 中

② ᄀᆡ갓ᄒᆞᆫ 왜적놈아 너의신명 도라보라
너의역시 하륙ᄒᆡ셔 무ᄉᆞᆫ은덕 잇셔던가 〈안심가〉 中

하원갑 경신년에 젼히오는 셰상말이
요망흔 셔양적이 즁국을 침범흐셔
텬쥬당 놉히셰워 거소위 하는도를
텬하에 편나하니 가쇼졀챵 안닐넌가 〈권학가〉 中

위 작품 ①에는 서학에 대한 동학의 입장이 잘 드러나 있다. 서학이란 요망하고 사악한 것이며 그저 허울뿐인 이름이라는 것, 그래서 그런 사람들 중에 세상을 구제할 사람은 전혀 없다는 것이다. ②에는 왜적과 서양적을 들어 그들에 대한 분노를 욕설을 통해 풀어낼 정도로 외세를 배척하고자 하는 동학의 의지가 엿보인다. 또한 동학은 국내의 정세를 위기로 인식하면서 일종의 개혁 의지를 피력하기도 한다. 다음 작품을 보자.

時乎時乎 이내時乎 不再來之 時乎로다
만세일지 장부로서 오만년지 시호로다
龍泉劍 드는칼을 아니쓰고 무엇하리
舞袖長衫 떨쳐입고 이칼저칼 넌즛들어
호호망망 넓은천지 一身으로 비껴서서
칼노래 한곡조를 시호시호 불러내니
龍泉劍 날랜칼은 일월을 희롱하고
게으른 舞袖長衫 우주를 덮여있네
만고명장 어디있나 丈夫當前 無壯士라
좋을시고 좋을시고 이내신명 좋을신고

위는 최제우의 〈검결〉이다. 일명 '칼노래'라고 할 수 있다. 따라서 이 노래에서 칼은 "새로운 변혁의 시대인 후천 개벽을 열기 위한 고양된 정신"이며, 동시에 "당시 모든 사람들을 지배하고 있던 봉건적 관념을 떨치고, 새로운 주체의식을 민중에게 부여하고자 하는 사상의 구체적인 모습"[23]이었다고 할 수 있다. 그러나 "당시의 집권층은 이 칼노래에 가장 큰 위협을 느껴 최제우를 잡아 처형했다. 그 뒤의 동학은 마음을 바르게 하는 데만 힘쓴다고 표방해도 탄압을 피할 수 없었으며, 마침내 역사상 최대의 민란이고 근대로의 전환에서 획기적인 의의를 가진 동학혁명이 일어나게 하는 구실"[24]이 되었던 것이다.

이제 이상의 진술을 공감장의 관점에서 정리해 보자. 서학의 표면적인 공론은 유교적 이상국가 건설을 위한 개혁사상과 민중의 평등사상이었지만 그것들은 결국 천주에 대한 믿음으로 귀결된다. 그들이 공유했던 궁극적인 공론은 천주공경 등에 다름 아닌 것이다. 동학 또한 외세의 배격, 국내 위기 극복, 서학의 배척 등을 공론으로 내우지만 결국은 후천개벽에 귀결되는 양상을 보이고 있다. 이렇게 하나의 공감장 내부에서 또 다른 공감장이 새롭게 형성될 때는 기존 공감장이 가지고 있던 질서를 배격하지 않고 일부 수용하는 과정을 거친다. 그럼으로써 새로운 공감장에 대한 이질감을 없애는 동시에 새로운 공론에 대한 호기심과 공감을 불러일으킬 수 있다고 보기 때문이다.

그러나 서학과 동학은 애초 유교라는 거대 공감장의 내부에서 태동했지만 그들의 공론이 기존 공감장과의 충돌을 일으키는 과정에서 철저하게 배척당하게 된다. 그런 과정에서 서학은 외세라는 당대의 일방적 입론에 따라 유학에서 뿐만 아니라 동시에 동학에 의해서 배척되기도 한다. 사실 그것은 동학이 기존 공감장과의 충돌을 방지하려는 일종의 거리두기 방식으로도 이해될 수 있다.

앞서 언급한 바 있듯이 서학의 천주가사에 대해서는 이에 반박하는 가사가 유학자들에 의해 지어지기도 하였다. 그러나 애초에 서학은 유학자들에 의해 받아들여졌고, 그들에 의해 형성되었던 만큼 같은 유학자의 입장에서는 불교보다는 훨씬 이단의 성격에 가까운 것이었다. 구성원의 차이가 아닌 사상적 이질감이 배척으로 이어졌다는 것이며, 이것이 공감장들 사이에서의 격렬한 투쟁으로 발현되었다고 볼 수 있는 것이다.

즉, 기존 유교공감장 내부에 존재하던 구성원들 가운데 일부가 당대 현실의 모순을 지적하면서 대안으로 받아들인 서학을 하나의 공감장으로 형성시켜 원래 속한 공감장으로부터 이탈된 새로운 공감장을 형성시켰다고 할 수 있다. 그런 과정에서 이들 공감장들 사이의 투쟁은 격렬해질 수밖에 없었을 것이며, 그것이 서학 공감장이 감당해야만 했던 수많은 핍박의 이유가 될 수 있었던 것이다.

3.3. 종교공감장에서 정치공감장으로

종교가사는 당연하게도 텍스트 공동체적 성격을 갖는다. 송호근[25]의 말을 빌리자면 "텍스트 공동체는 문자와 가치를 공유한다. 더욱이 텍스트 공동체는 그냥 문자를 공유하는 공동체가 아니라 조선의 중세를 굳건히 떠받치던 유교와 대적하는 '종교 공동체'였다."고 할 수 있다. 그런데 이러한 "텍스트 공동체가 사회 경제적 이해 관심을 제기하고 어떤 하나의 일관된 관점으로 수렴시키면 정치 공동체로 전환하는 것은 시간문제다. 어떤 역사적 계기가 우연히 돌발하는 것이 그런 순간이다. 예를 들면 탐관오리의 침학이 극심해지거나 자연재해가 인민의 삶을 황폐화하고 텍스트 공동체에 대한 탄압이 극에 달하는 것 등"이라고 할 수 있다.

사실 "체제 개혁의 필요성은 1860년대 '민란의 시대'를 경과하면서 지배층 간에 널리 공유되었으나 이질적 요소의 흡수라는 미래 대응적 방향이 아니라 '중세의 완성'을 통한 전통적 방식으로 그것을 해결하고자 했다. 조선의 중세는 스스로 무너지고 있었다. '흑선의 도래'를 계기로 일본 지배층이 중세 일본을 스스로 허물어뜨린 것과는 대조적으로 조선 지배층은 '이양선의 출몰'을 중세적인 것으로 다스리고자 했다. 그러나 지배층에겐 이미 무너지기 시작한 조선의 중세를 재건할 여력이 없었다. 지식-권력의 분리로 이미 경직화 일로에 있던 세도 정치로는 말안장 시대를 감당할 방략을 만들어 내지 못했다."[26]는 것이다. 역으로 보자면 바로 이런 상황에서 기존 일부 종교공감장들은 대체로 정치적 색채를 입혀가며 정치공감장으로 변모를 맞이하게 된다.

앞서 진술한 종교공감장들은 1800년대 초를 기점으로 정치공감장의 형성 계기를 마련해나간다. 그 자체로 정치공감장의 성격을 갖추는가 하면, 전혀 다른 정치공감장을 형성하기도 하였다. 바로 이 지점에서 개화파와 위정척사파의 존재를 언급하지 않을 수 없다. 먼저 개화파는 연암 박지원의 손자인 박규수로부터 비롯한다. 그는 실학사상의 연장선상에서 개국통상론을 주장하여 초기 개화사상의 형성에 교량적 역할을 담당했다고 알려져 있다. 특히 그는 천주교 박해와 관련하여 적어도 중립을 취하는 입장에 있었다고 할 수 있다. 서학과 개화파의 관계를 짐작할 수 있게 하는 대목이다.

이후 김옥균 등은 개화당을 형성, 발전시킴에 있어서 양반 출신들뿐만 아니라 중인·평민·승려·군인 등 신분을 초월한 각계각층의 인물들을 동지로 규합하였으며, 그들에게 개화사상을 교육하고 해외에 유학시키기도 하였다. 임오군란 이후 청국은 김옥균을 중심으로 한 개화당의 개화 운동이 궁극적으로 청국으로부터의 조선의 독립을 추구하는 운동이라고 보고, 온갖 방법으로 개화당을 탄압하고 개화 운동을 저지하였다. 그 사이 개화파는 1884년 갑신정변을 일으켜 수구파를 처단하고 신정부를 수립하여 '위로부터의 대개혁'을 단행하기 위한 혁신정강을 공포함과 동시에 대개혁정치를 시작하려 했으나, 1884년 12월 6일 청군이 불법적으로

궁궐을 침범하여 무력으로 개화당을 무너뜨려 개화당의 갑신정변과 집권은 '삼일천하'로 끝나게 되었다.[27]

한편 개화파의 반대 지점에는 위정척사파가 존재하였다. 위정척사는 애초 유교적 의미에서 바른 것을 지키고 옳지 못한 것을 물리친다는 벽이론闢異論에 바탕을 둔 새로운 유교적 정치윤리사상이라고 할 수 있다. 사실 위정척사파의 주요 배척 대상은 천주교였다. 주자학적 유교를 건국이념으로 하고 있는 조선왕조의 입장에서 볼 때도 천주교는 국가의 전통질서를 파괴하는 반국가적·반사회적인 위험사상이었다. 그러나 한말에 이르면 위정척사사상은 애국우국의식의 민족주의사상으로 발전한다. 특히 이항로는 애국우국정신, 위민정치관, 문화적 자존의식, 경제적 배타성은 한말의 역사적 위기상황에서 위정척사사상의 전개 방향을 제시하기도 하였다.[28]

이제 이상의 진술을 공감장론의 관점에서 재구성해 보자. 개화파와 위정척사파의 구성원들은 기존 유교적 공감장을 구성하던 구성원들, 즉 지배 엘리트 계층이었다는 점에서 공통적이다. 그러나 그들이 추구했던 가치, 즉 공론은 분화되어 반대의 지점으로 향하게 된다. 특히 외세를 두고서, '나라'를 보전하고 부강하게 한다는 관점에서 받아들일 것이냐 아니면 배척하며 자주적인 태도를 취할 것이냐의 차이에서 극도로 반대되는 공론을 취했던 것이다. 이러한 공론의 차이가 각기 다른 공감장을 형성하게 했던 것이고, 그런 과정에서 빚어지는 충돌들이 임오군란이나 갑신정변,

갑오개혁 같은 사건을 벌어지게 하였던 것이다.

그리고 그 이면에서 또 한 번 주목되는 공감장은 동학이다. 애초 서학에 맞서 등장한 동학이었지만 그 구성원들은 지배 엘리트 계층보다는 평민 중심이었다고 할 수 있다. 이들은 동학이 내세운 후천개벽이라는 공론에 절대적 신임을 보내며 동학의 유지에 굳건한 버팀목이 되었고, 훗날 동학농민혁명의 든든한 정신적 가치로 수용하기도 한다. 이런 공론을 통해 종교공감장, 즉 "당시 유교 이념의 한계를 극복하고 새롭게 민중의 지도이념을 제시하였던 동학은 이후 단순한 종교의 포교운동에 그치지 않고 이후 일련의 동학운동 곧 복합상소, 교조신원운동을 통한 조직적인 운동을 거치면서 점차 정치운동으로 성장"[29]하게 되었던 것이다.

4. 감성적 근대(성)의 모색을 위하여

정리하자면, 19세기 전후 조선은 서학과 동학의 충돌 같은 종교적 대립과 개화파와 척사파 사이의 이념적 대립 등에서도 볼 수 있는 바와 같이 삶의 전 영역에서 극심한 혼돈의 시기였다. 바꿔 말하면 이 시기는 무수한 장들의 형성과 투쟁, 소멸과 계승의 시기이기도 하다. 우리가 알고 있는 이에 관한 사실史實들이 실은 국가의 지배 엘리트나 특정 계급에 치우친 해석일 수 있으며, 특정 공론과 그것에 조응하는 장들에 한정된 통론적 해석에 불과할 수도 있다.[30]

따라서 이런 해석은, 거의, 대다수의 '사람' 혹은 '감성'의 문제를 은폐한다. 공감은 이미 무수하게 존재하는 장소이자 영역이다. 단지 '아직' 발견되고 의미화 되지 않았을 뿐, 그러므로 경험(혹은 체험)되지 않은 미상의 공감 영역으로 '항상' 우리 곁에 존재한다는 사실을 염두에 두어야 한다. 예를 들어, 특정의 공동체가 나아가 특정의 어떤 종교가 그것 자체만으로 존재하기도 하겠지만, 어떤 경우 그런 존재는 다시 당대 사회의 변화를 특정하는 매개가 될 수도 있다는 것이다. 우리가 동학가사를 통해 외세의 배격과 인간의 평등을 읽는다고 하지만, 그 행간에 얽힌 사람의 문제나 그것이 갖는 사회성 등의 의미는 정확히 읽지 않았다는 의미이기도 하다.

외세를 배격하거나 인간의 평등을 말한다고 하여 그것 자체가 근대성과 직결되는 것은 아니다. 즉 노래가 그것을 표방한다고 하여 그것이 향유되던 당대를 근대사회라고 말할 수 없다는 것이다. 노래가 표방한 바를 그것을 향유하던 사람들이 얼마만큼 자기의 문제로 인식하고 실천하려 했는가, 나아가 그런 인식과 실천이 얼마만큼의 파급력을 가졌는가 등을 증거할 수 있어야 비로소 근대(성)를 말할 수 있다는 것이다.

그런 까닭에 이 글은 애초부터 일종의 '근대(성) 찾기'에는 전혀 관심을 두지 않았다. 근대(성)를 바라보는 또 다른 시각을 모색해 보고자 하는 시도였다. 앞서 밝혔듯이 그것의 이름은 감성적 근대(성)였다. 그리고 그런 근대(성)를 설명하기 위한 일종의 방식으로서 '공감장' 이론을 당대의 종교가사에 적용시켜 보았다. 이 이론 자체가 아직은 성긴 까닭에 실제 텍스트 분석 과정에서 기존의 해석 결과들을 완전하게 뛰어넘지는 못했다는 아쉬움이 있다. 하지만, 이런 시도를 계기로 향후 좀 더 다양한 분야에서의 비판적 시론들을 통해 보다 생산적으로 '그때-거기'의 '감성적 근대(성)'을 구성할 수 있게 되기를 기대한다.

연대의 노래, 공감장의 형성

: 1970년대 이후 민중가요를 중심으로

1. 연대의 매개, 노래

이 글은 특정 공동체가 형성되는 과정 혹은 공감(들)의 장the field of sympathies으로 구성되는 과정에서의 노래의 역할에 주목한다. 또한 그런 공동체들 사이의 연대로 구성되는 특정 공감장共感場, sympathetic field에서의 역할에도 주목할 것이다. "사실상 모든 감성은 공감共感, sympathy이다. 공감장이란 그러한 공감의 발생적 조건이자, 상이한 공감들이 마주치고 투쟁하는 관계의 망이다. 따라서 공감장은 동시에 '공감(들)의 장으로서 나타나고 작동한다."[1]고 주장하는 공감장론은, 그래서 우리 사회를 다시 읽게 하는 유효한 틀로 작동할 수 있다.

이런 이론 아래, 이 글에서 말하는 '노래'는 일종의 메시지message이자 구호catchphrase 등의 개념에 준한다.[2] 즉, 이 글에서 언급되는 노래를 음악학(사)적 관점에서 검토하기보다는 사회·문화학(사)적 측면에서의 특정 장場의 형성 매개로서 살피는 일에 주목한다는 의미이다. 구체적으로 그것은 공동체의 구호이자 공동체들 사이의 연대의 매개이며, 그런 연대 가운데 구성되는 공감장 형성 요건 중의 하나[3]였음을 의미한다.

그래서 이 글에서 말하는 '노래'는 이른바 '민중가요'에 다름 아닐 수도 있다. "그것이 사회운동의 뜻과 이어져 '운동 노래'가 되어 운동의 노래로서 특별한 힘을 행사해 온 그 과정"과 "운동의 역사 공간에서 불려진 것이기에 사회의 맥락 안에서 풀이되어야"[4] 한다는 점에 주목하기 때문이다. 이런 점을 감안하더라도 이 글에서의 노래는 연구 대상으로서의 '해석'이 아닌 그것이 가진 '역할'에 더 주목하고자 한다.

주지하다시피 "민중가요는 애초부터 데모에서 부르기 위한 의도로 제작된 것들은 아니었다. 민중가요가 사회 운동의 현장에서 자주 불렸던 것은 그것이 참여자들에게 불러일으킨 공감 때문이었을 것이다. '민중가요'를 명확하게 정의하는 것은 쉽지 않지만, 민중가요라는 용어를 통해 지시되는 대상 자체는 분명하다. 민중가요의 개념을 확정하기에는 어려움이 많다. 그러나 어떤 노래를 지정해 놓고 민중가요 범주에 포함 여부를 묻는 질문이 던져진다면 우리는 거의 정확하게 대답할 수 있다. 우리의 역설적인 반응을 가능하게 하는 것이 바로 동일한 내용과 성격의 체험을 공유하는 '동시대성'에서 오는 공감이다. 그러나 '동시대성'이 갖는 실체적인 규정력은 시간이 지날수록 점차로 희미해질 것"[5]이라는 주장은 당대 노래의 역할을 파악하는데 있어 매우 적절해 보인다.

이 글은 이런 적절함에 기대어 노래가 공감(들)의 장을 이끌어

내는 과정과 양상을 구체적인 사례를 통해 분석해보고자 한다. 즉 '노래'를 통해 공동체의 정체성을 역탐해보고, 그것들 사이의 연대 양상과 그 결과를 추적하여 공감장이라는 패러다임의 구성 가능성을 타진해보고 싶은 것이다. 이를 위해 이 글에서 다룰 주요 노래는 〈아침이슬〉을 비롯하여 〈임을 위한 행진곡〉, 〈전대협진군가〉, 〈반전반핵가〉, 〈농민가〉, 〈전노협진군가〉, 〈철의 노동자〉 등이다. 각각의 노래들은 당시대의 공감을 이끌어 내거나, 일종의 계급을 대표하는 노래라는 공통점을 가지고 있다. 이런 점을 바탕으로 이 글에서는 이들 노래가 당대를 어떤 양상으로 호명하고 있는지, 또한 그것이 연대의 매개로서 어떠한 특징을 가지고 소통되었는지 등에 관하여 천착해보고자 한다.

2. 공감장의 구성과 연대의 노래

공감장共感場이란 개인의 감성—긍정적이든 부정적이든—이 소통되고 공유되면서 대사회적인 감성[6]을 형성시킬 수 있는 유·무형의 공간이다. "언제나 사적인 영역에서 개인적으로 촉발하는 감정이 내면에 머물지 않고 감정의 교통交通과 공유共有가 이루어지게 하는 어떤 영역이라고도 할 수 있다."[7] 그래서 여기에서 말하는 공감共感, sympathy은 이 둘을 포섭하는 개념이 된다. 그런 까닭에 공감은 다시 공적인 측면에서의 공감公感이 될 수도 있고, 사적인 측면에서의 교감交感이 될 수도 있다. 이런 것들이 바로 공감의 한 기제가 될 수 있는 것이다.

그래서 공감장은 당연하게도 항상 '함께[共]'임을 전제해야 한다. 그렇다고 단순히 감정을 함께 나누는 어떤 공간만을 의미하지는 않는다. 그런 의미에서 공감은 교감交感과는 다른 어떤 것이다. 이런 이유로 공감을 완성하기 위해서는 특정한 공론公論이 필요하다. 이런 공론에 교통과 공유의 과정이 결합하면서 공적 인지로서의 공감公感이 형성되고, 이것이 공감장 구성의 기본 토대가 된다는 것이다.[8]

다시, 공감은 그것의 주체들이 그것을 위해 투쟁[9]할 수 있는 어떤 장을 형성하게 한다. 그리고 이렇게 형성된 또는 형성되어 가는 공감장에서는 그 구성원들이 다른 지점의 공감장들과 투쟁할 수 있게 하는 특정의 감정, 즉 공감公感이 공유되면서 마침내 그 공감장을 대표하는 공론公論이 구성되는 것이다. 물론 공론이 먼저 형성되고 이후 그것이 불특정 다수에게 공유되면서 특정한 공감장이 형성되는 과정 또한 충분히 가능하다.

그러나 특정 공감장을 구성하는 구성원의 입장에서 공감장의 공론에 대한 효용성이나 신뢰가 사라졌을 때, 그들은 더 이상 그 공감장의 구성원이 아니다. 이들은 또 다른 공감장을 선택할 수도 있고, 자신들만의 공감장을 새롭게 형성할 수도 있다. 그리고 다시 새로운 투쟁을 시작하게 되는 것이다. 투쟁은 곧 공감장의 생존 방식이다. 하나의 공감장 내부에서 구성원들 사이의 투쟁은 공론을 만들어가는 과정이다. 나아가 공감장들 사이에서의 투쟁은 곧 공론의 투쟁이 되는 것이다. 이런 투쟁들로 말미암아 공감장은 영원불변한 것이 될 수 없다. 그 투쟁의 동력이 다했을 때 공감장 또한 사라지고, 그로부터 또 다른 공감장이 그 자리를 대신한다.

공감장의 구성원은 하나의 공감장에 속하는 것만은 아니다. 공론에 의한 공감장에 속해 있는가 하면, 사적 감정이나 교감 등에 의해 형성된 공감장에 속하기도 한다. 그러므로 구성원의 관점에서 하나의 거대 공감장은 또 다른 공감장들을 포섭할 수 있다.[10] 공감장은 또한 하나의 공감장에 머물지도 않으며, 공감장은 언제나 중층의 공감이자 공론이다. 공감은 이미 무수하게 존재하는 장소이자 영역이며, 단지 '아직' 발견되고 의미화 되지 않았을 뿐, 경험(혹은 체험)되지 않은 미상의 공감 영역으로 '항상' 우리 곁에 존재한다.[11]

더불어 공감장 내부의 투쟁에서 개인(혹은 행위자)의 욕망이 개입되지 못한다면 더 이상 공감이 될 수 없을 것이다. 사회적 행위 또는 장치로서의 공감장이라고 할지라도 결국은 개인들에 의해 행위가 구성되는 것이며, 그들 혹은 그 장들 사이에서의 투쟁이나 약속된 제도 같은 것들로 구성될 수 있기 때문이다. 또한 개인의 욕망이 충분히 발현되었다고 해서 자신이 참여하고 있는 장의 이해관계에만 관심을 두어서는 안 된다. 장 밖의 다른 이해관계에 대해 무관심하다면, 더 이상 공감이 아니다. 공감장은 이런 무관심을 깨뜨려야 비로소 완성되는 것이며, 그런 무관심에서의 탈피

야말로 연대의 구성 조건이자 공감장 형성의 토대가 될 수 있다고 보기 때문이다.

이렇게 공감장을 구성하는 공론은 곧 그 공감장의 이름일 수도 있으며, 그들이 내건 공적인 가치가 될 수도 있다. 이른바 하버마스식 '공론장公論場'[12]이 그것이다. 그런데 이 논의에서는 공론이 이루어지는 과정에서 공감이나 교감 같은 문제나 그것이 이루어지는 감성의 장場은 철저히 배제되어 왔다는 혐의가 짙다. 그런 이유로 공론장은 다시 특정 계층에 의한 공론公論의 독점을 초래하며, 결국 그것은 단지 현시되는 '현상' 이외의 의미를 더 이상 갖지 못한다.

이제 이러한 '현상'이 '현시'가 아닌 '실제'가 되고 '삶'이 되기 위해서 필요한 매개를 찾자면 그것은 '감感(들)'이다. 그러한 '감(들)'이 상호 소통하는 것, 단순히 다른 '감'을 이해하는 것이 아니라 그것을 자아화하거나 주체화 할 수 있는 것 혹은 그것이 구조화되거나 구조화하는 것 등을 통틀어 '공감장'이라고 하고 싶은 것이다.

그리하여 공감장들을 구조화하는 일은 곧 당대인 나아가 당대 사회를 재구조화하는 하나의 대안적 방식이 될 수도 있을 것이다. 왜냐하면, "공감장은 감성의 사회적 성격을 해명하면서 동시에 한 사회의 변화와 발전을 담보하는 인간의 감성적 동인을 분석·비판하기 위해 고안된 개념"[13]인 까닭에 그 자체로 분석적이고 비판적인 개념이며, 또한 구성적 개념이 될 수도 있기 때문이다.[14]

물론 이러한 분석의 가장 효율적인 매개 중의 하나는 '노래'일 것이다. 일반적으로 노래 향유에는 크게 두 개의 맥락이 존재한다. 순전히 개인적 측면에서의 향유, 그리고 집합체로서의 대중적 측면에서의 향유가 그것이다. 또한 그것은 당대 사회의 구조에 따라, 즉 개인이 '민중'의 구성 요소이냐, '대중'의 구성 요소이냐 따라 각각 민중적일 수도, 대중적일 수도 있게 된다. 그러나 여기에서 민중이나 대중 개념은 일반의 상식적 정의에 준한다. 그래서 민중과 대중을 구별하는 일, 특히 노래에 있어서 민중가요나 대중가요로 구별하여 그 특성들을 살펴보는 일 등은 이 글에서 논외이다. 이러한 이분법적인 사고가 야기할 수 있는 여러 문제들에 대해서는 이미 기왕의 연구에서도 밝혀진 바 있다. 지배문화와 저항문화, 대중문화와 민중문화를 이분법으로 재단하는 시각의 문제 등에 대한 김창남의 논의가 대표적이다.

이에 대해 그는 80년대적인 이분법적인 사고 자체가 가진 모순을 인식하면서 문화운동의 개념 자체를 새롭게 해야 한다는 생각을 드러냈으며, 그렇지만 새로운 패러다임으로 80년대를 재평가하는 작업은 아쉽게도 이루어지지 않았고, 지배와 저항, 대중문화와 민중문화의 이분법적 패러다임에 문제가 있다는 것은 대체로 인정되었지만 새로운 패러다임으로 민중문화를 재평가하는 노력은 거의 없었다고 평가한다.[15] 이 글 역시 그의 지적에 일정 부분 동의하며, 그러한 재평가의 노력의 일환으로 '공감장'이라는 하나의 패러다임을 제시해보고자 하는 것이다.

그런 까닭에 이 글에서는 굳이 '민중가요'나 '대중가요' 같은 용어가 더 이상 어떤 의도적인 개념적이거나 이념적인 무언가가 될 수 없다. 여기에서 말하는 민중이나 대중은 그런 노래를 '함께' 부르며 공감(들)의 장을 형성하고 투쟁했던 주체들의 다른 이름에 불과하다. 굳이 말하자면 민중이나 대중은 학생이거나 농민이거나 노동자이거나 아니면 그들은 모두 아우르는 시민이다.

물론 그들의 이름이 구체적일수록 그들이 형성시킨 공감(들)의 장 또한 보다 구체적이고 획일적이다. 1980년 이후 그들의 이름은 이른바 '운동'의 파장들 아래 주목되었다. 각각의 파장은 '민족민주'나 '민중민주', '통일', '농촌', '노동'[16] 등 고유의 공론을 중심으로 각각의 장을 형성시켜 나갔고, 이들의 공론들은 다시 '연대'라는 방식을 통해 거대 공감장을 형성시키는데 이르렀다고 할 수 있다.

이렇게 각각의 공감장에서 거대 공감장에 이르기까지 그것들의 형성과 투쟁, 그리고 연대의 과정에서 주목해 볼 수 있는 것이 바로 '노래'이다. "공론장이 아닌 공감장 내부에서 노래는 문자를 전제하지 않아도 조직을 구성하게 하며, 계급의 가치관을 반영시키고, 스스로 유통될 수 있는 유효한 기제라고 할 수 있다."[17] 그들의 노래에서, 당연하게도 그들은 자신들의 생각 혹은 이념을 담았고, 또 불렀다. 그것들의 파급력은 '금지가요'나 일명 '건전가요'의 존재에서도 익히 엿볼 수 있는 부분이다.

우리나라 최초의 금지곡은 1902년 독일인 에케르트에 의해 작곡된 〈대한제국애국가〉였으며, 이후 음반에 실린 노래 중에서는

1933년 조선총독부령에 의한 〈아리랑〉과 〈장한가〉였다. 당시 조선총독부 관보에는 '축음기 레코드 취체 규칙'이라는 것이 공표되었고, 그 목록 첫머리에 언급된 노래가 1930년 채동원이 부른 〈아리랑〉이었다. 수많은 아리랑 중 이 노래가 금지된 까닭은 '치안 방해'였다. 구체적으로는 노래가 너무 회상적이고 애상적이라고 설명한다. 〈장한가〉는 1933년 윤백단이 부르고 발매되었으나, 곧 금지된다. 이 노래에는 1, 2절에서 논개와 계월향이라는 기생들이 등장하는데, 이들은 모두 임진왜란과 관련되어 있다. 〈아리랑〉은 그 이름 자체만으로도 민족의 정서를 대변하는 곡이었다고 여겼기에 상징적 의미에서 의도적으로 금지시켰을 것으로 추측된다. 〈장한가〉는 그 가사가 주제적 측면에서 다분히 의도적이다. 임진왜란 당시의 순절을 당시 식민 상황에서 보란 듯이 드러내고 있기 때문이다.[18]

이들 노래들은 당시 지배 공론의 입장에서 보자면 상당한 위협이었다. 지배 공론에 맞설 또 다른 공론이 형성되고, 이를 토대로 저항적 공감(들)의 장들이 만들어질 가능성이 다분했기 때문이다. 왜냐하면 이들 노래들의 특징은 대개 "노래의 화자가 대부분 '우리'나 '집단'"이며, "개인성을 드러내기보다는 집단, 집단 내의 개인의 입장을 취함으로써 공동체적 삶의 형태를 강조"한다는 점, "노래의 창작이 주로 조직적인 차원에서 이루어"지고, "이 조직들은 다시 더 큰 범주의 조직에 귀속되어 서로 유기적인 관계를 맺고 있다"는 점, 그리고 "현실 사회 비판적인 내용과 집단적 체험에서 나오는 감정을 기반으로 공동체적 삶의 방식을 강조”[19]하고 있었기 때문이었다. 이런 노래의 전통은 이후 산업화시대를 맞이하여 저항과 연대의 매개로 부활한다.

3. 공감의 연대와 공동체의 형성
: 〈아침이슬〉에서 〈철의 노동자〉까지

3.1 공감행위로서의 노래의 역할

연대를 구축하려는 ‘연대감’은 공감이 아니라 공감하려는 행위에서 촉발되는 일종의 ‘공감감정’이다.[20] 남의 감정에 대한 공감의 결실은 ‘공감된 감정empathized emotion’이다. 즉, ‘공감된 감정’은 남의 감정에 대한 공감에 의해 내 안에서 남의 감정을 재생한 감정, 즉 ‘동감same emotion’이다. 반면, ‘연대감’은 공감이나 공감된 감정이 아니라 공감 및 공감된 감정 이상의 것, 즉 이 공감된 감정으로부터 이차적으로 생겨난 별도의 감정, 즉 ‘공감감정empathetic emotion’이다. 따라서 공감감정은 ‘동감(공감된 감정)’과 다른 것이다. 말하자면 ‘공감감정’으로서의 ‘연대감’은 ‘공감’이나 ‘공감된 감정(동감)’ 이상의 것이다.[21] 따라서 공감은 감정의 영역을 벗어나 그런 영역 안에서의 어떤 작용이라고 할 수 있다.

그리하여 “공감은 긍정적·부정적 감정을 가리지 않고 남의 감정을 자기 속에서 ‘재현’하여 남의 감정과 유사하게 재현된 이 감정을 '남과 같이 느끼는' 이심전심의 감정 '작용' 또는 이심전심의 감정전달 '능력'을 가리키는 반면, '공감된 감정', 즉 '동감'은 남의 감정과 유사하게 내 안에서 재현된 감정 자체를 가리킨다."[22]고 할 수 있다.

필자는 이런 '능력'을 '실감實感'이라고 말하고 싶다. 이런 '실감'은 때로 특정한 공감의 공간에서 노래로 표출되기도 한다. 이때의 노래는 내용상 '교술적'이면서도 연행상 '대중적'[23]인 혹은 '공감적'인 방식이었다. 하나의 공감장을 형성시키고 나아가 그것을 유지하기 위한 투쟁에 필요한 노래는 내용상 다분히 교술적이다. 그리고 간혹 은유적이며 상징적이다. 이런 노래들은 대개 전근대 시대의 종교가사나 참요 등의 존재에서도 확인될 수 있을 것이다. 이 시기의 노래는 연행의 목적보다는 내용적 측면에서의 교술성을 강조하는 경향이 강했다고 할 수 있다.

그러나 근대 시기에 접어들면서 노래는 내용의 교술성보다는 연행의 '대중적' 측면을 강조하는 경향으로 흐르게 된다. 민요나 동요, 구전가요의 전통에서 비롯하여 70년대의 모던포크나 80~90년대 운동가요가 취했던 행진곡(?)류의 노래들이 대표적인 사례가 될 수 있을 것이다. 특히 이 시기는 "폭력적인 지배구조 속에서 정치적 힘의 관계가 지배적인 것으로 되면서 '대중'과 '민중'이 실제적으로 분리된 집단으로 인식되었고 공식적으로 허용되는 '대중'의 문화와 제도권 밖의 지하유통구조를 통해 유통되는 운동권 '민중'의 문화가 현실적으로 확연히 구분"[24]되었던 시대였다고 할 수 있다. 그런 까닭에 노래의 형식은 더욱 짧아지고 내용은 은유적이며 상징적인 것으로 변모하게 되었다.

그렇더라도 70~80년대 이전의 노래가 사실 어떤 공감장을 형성하기 위한 결정적인 매개가 된다거나 혹은 특정 공동체들 사이의 연대의 매개가 된다거나 하는 모습 등은 찾아보기 힘들다. 그런 까닭에 이 시기의 노래들은 특정 공동체 형성을 목적하기보다는 시대적 공동체, 즉 형태가 구체화되지는 않았으나 존재했을 것이라고 믿고, 거기에 공감하는 다소 막연한 공동체를 확인하는 역할 정도였을 것으로 짐작된다.

노래가 구체적인 공동체를 형성하는 주요 매개가 되었던 시기는 1970년대 이후라고 생각된다. 사실 1970~80년대의 모던 포크계열의 노래들이 애초 특정 공동체의 형성이나 그것들 간의 연대를 모색하기 위한 목적이었다고 보기는 어렵다. 그러나 1980년대 학생운동(일명 대학생데모) 등이 본격화되면서 그들 사이의 공론을 확산시키고 연대를 모색하기 위해 선택했던 방식 중의 하나가 이들 포크 계열의 노래라고 할 수 있다.

1972년 유신체제 이후 학생운동은 기존에 보였던 자유주의적인 저항운동, 예를 들어 장기집권 반대나 부정선거 규탄 등의 성향에서 벗어나 폭압정권에 저항하는 담론을 생산하면서 본격화되기 시작한다. 이 시기부터 학생운동은 '학생'[25]을 넘어 주도적으로 민족민주나 민중민주, 노동 등의 계급담론을 생산하면서 연대의 가능성을 보이기 시작했다고 할 수 있다.

이제 이런 상황들에 대해 각각의 노래를 통해 살펴보도록 한다.

> 긴 밤 지새우고 풀잎마다 맺힌 진주보다 더 고운 아침이슬처럼
> 내 맘의 설움이 알알이 맺힐 때 아침 동산에 올라 작은 미소를 배운다
> 태양은 묘지 위에 붉게 떠오르고 한낮에 찌는 더위는 나의 시련일지라
> 나 이제 가노라 저 거친 광야에 서러움 모두 버리고 나 이제 가노라
>
> 〈아침이슬〉

위는 1970년 김민기가 작사·작곡하고, 1971년 양희은이 불렀던 모던 포크계열 노래 〈아침이슬〉로, 당대 '운동'에서의 공감을 불러일으켰던 상징적인 곡이라고 할 수 있다. 이 노래는 시간이 상징하는 바, 예를 들어 밤과 새벽, 아침, 그리고 한낮이 불러일으키는 시간적 상징성과 동산, 묘지, 그리고 광야로 나아가는 공간적 상징성이 당대 시대상황과 맞물려 공감적 이미지를 완성시킨다. 또한 대중가요에서 자주 쓰는 영탄의 어미를 거의 쓰지 않고, '배운다', '시련일지라', '가노라' 등 담담한 서술이거나 선지자적인 어조를 쓰고 있다는 점에서 노래 수용자들의 공론 주체화를 이끌어낸다.

그러나 이 노래는 발표된 지 1년 만에 금지곡이 되고 만다. 1972년 봄, 아무런 법적 근거도 없이 김민기의 음반 판매가 금지된 것이다. 그런 가운데에서도 이 노래는 양희은의 음반 등을 통해 계속 판매되었다. 1973년에는 조영남이 음반과 방송 등에서 '태양은 묘지 위에'를 '태양은 대지 위에'로 바꾸는 부르는 등의 시

도도 있었으나, 결국 1975년 말에 공식적인 금지곡으로 지정되었다. 대중매체와 음반 시장에서 사라졌으나 이미 알려질 만큼 알려진 이 노래는, 이후 구전 등을 통해 대학생과 지식인 사이에서 널리 애창되는 대표적인 민중가요가 되었고, 박정희 정권 말기부터 1980년대까지는 사람 많은 곳에서 이 노래를 부르는 것만으로도 시위로 간주될 정도였다고 한다.

이렇게 민중가요로 존재방식이 바뀐 이 노래는, 창작자의 의도와 무관하게, 수용자들에 의해 그 '시련'과 '나 이제 가노라'의 선언이 민주화운동의 그것으로 적극적으로 해석되었다. 그러나 정치권력이 이 노래를 불온시 할수록 이 노래의 높은 인기는 계속 유지되었다. 이로 보아 이 노래는 일종의 저항문화이자 공감의 표지가 되었다고도 할 수 있을 것이다.[26]

> 사랑도 명예도 이름도 남김없이 한 평생 나가자던 뜨거운 맹세
> 동지는 간 데 없고 깃발만 나부껴 새날이 올 때까지 흔들리지 말자
> 세월은 흘러가도 산천은 안다 깨어나서 외치는 뜨거운 함성
> 앞서서 나가니 산 자여 따르라 앞서서 나가니 산 자여 따르라
>
> 〈임을 위한 행진곡〉

1980년대에 이르면 '운동'에서의 민중담론이 보다 분명하게 드러나게 된다. 그리고 그것은 민중운동이라는 이름으로 거대 공감장을 형성시켰으며, 그 안에서는 비로소 구체적이고 뚜렷한 공론을 가진 유사 공감장들이 형성될 기미가 보이기 시작한다. 이후

80년대 말에 이르면 민중담론은 보다 구체적인 양태인 계급담론으로 분화하는 동시에, 이들 상호 간의 연대를 끊임없이 모색하는 양상을 보이기도 한다. 위의 〈임을 위한 행진곡〉은 이 시기를 특정하는 대표적인 노래라고 할 수 있다. 민중가요라는 명칭이 처음으로 나타난 때이기도 하다.

〈임을 위한 행진곡〉은 1980년 백기완의 미발표 장시 〈묏비나리〉의 한 부분을 차용했다고 알려져 있는데, 이를 토대로 1981년 5월 소설가 황석영이 가사를 쓰고, 전남대 출신으로 대학가요제에서 수상한 바 있는 김종률이 곡을 만들었다고 한다. '사랑도 명예도 이름도 남김없이', '동지는 간 데 없고 깃발만 나부껴' 등의 가사는 온 몸을 바쳤던 치열한 투쟁과 엄청난 죽음으로 귀결된 비극적 패배의 절망을 고스란히 담고 있으며, '앞서서 가나니 산 자여 따르라'는 이러한 비극적 죽음과 절망을 딛고 나아가는 비장한 의지와 용기, 결단을 잘 표현하고 있다고 평가되기도 한다. 그리하여 이 노래는 1970년대의 구호적 행진곡의 유행을 종식시키고, 비극성 등의 서정성을 풍부하게 담은 행진곡의 시대로의 이행을 확고히 했다. 이 작품이 보여준 비장한 단조 행진곡은 이후 민중가요의 가장 대표적인 양식으로 자리매김 되었다.[27]

〈임을 위한 행진곡〉으로 대표되는 민중운동의 거대 공감장이 완성된 이후 '운동'은 보다 세분화됨과 동시에 구체적인 기치를 갖게 되며, 공유된 기치는 계급담론의 공론으로 대변되는 시기를 맞이한다. 그 주도세력은 주지하다시피 대학의 '학생들'이었다.

이들이 그들의 공론을 생산·구축하고 공유하기 위해 선택한 매개는 '학습'과 '삐라' 그리고 '노래' 등이었다. 그 중 노래는 공론의 소통에 지대한 역할을 담당하며 '운동화運動化'되기도 하였다. "1980년대 후반 대학의 노래운동이 본격화되면서 한국의 대학생들과 일부 시민들은 복제된 테이프를 통해 노랫말과 선율을 익혔고, 이들 노래를 함께 부르면서 소모임이나 집회 장소, 심지어 술집 공간까지 정치적 제의의 공간으로 변화"[28]시켰던 것이다.

사실 이 노래가 가지고 있는 공론의 투쟁은 지금, 현재까지도 지속되고 있는 양상이다. 이는 이 노래가 가지고 있는 저항성이 일종의 '정치적 제의'로 승화될 만큼, 즉 기존 공론의 가치를 수십 년 동안이나 위협할 만큼 거대한 것임을 반증하는 사례라고 할 수 있다. 게다가 이런 저항성이 소규모의 특정 공동체 혹은 그들의 공감장에서만 그치는 것이 아니라 그것들의 외부에서도, '과거-현재'를 막론하고, '연대'라는 이름으로 끊임없이 소통의 매개가 되고 있는 현상을 쉽게 목격할 수도 있기 때문이다.

'산업화'를 공론으로 삼았던 이들은 이런 모든 연대를 '불온한' 것으로 치부한다. 그들에게 '저항'은 온전히 '반역'에 다름 아니다. 그래서 그들에게 이 노래는 여전히 불경不敬하며, 그 불경의 배경으로 '종북'을 내세우기도 한다. '종북'이라는 이름으로 투쟁과 저항을 억압하려는 그들 공감장만의 시도인 것이다. 애초에 말했지만, 다른 이해관계에 무관심하다면 혹은 정당한 투쟁의 방식이 아니라면 그것은 더 이상 공감장이 아니다.

3.2 공감장의 노래와 연대의 양상

1987년 8월 19일에는 그 해 일어났던 6월 민주화운동의 가치를 지속시키고 이를 전국민적 저항 운동으로 계승하기 위해 '전국대학생대표자협의회(이하 전대협)'가 창설되었다. 이들이 내세운 주요 기치는 '군부독재정권과 제국주의자 타도'였다. 독재를 종식시키고 자주적 민주정부를 수립하는 것, 제국주의자를 타도하여 외세를 배격하고 평화통일을 이룩하는 것 등이 주요 활동의 방향이었다. '민중과의 연대'도 사실 이런 활동 방향 중의 하나였지만, 초기에는 민족민주나 통일과 관련한 운동이 주를 이루었다.

일어섰다 우리 청년학생들 민족의 해방을 위해
뭉치었다 우리 어깨를 걸고 전대협의 깃발 아래
강철 같은 우리의 대오 총칼로 짓밟는 너
조그만 더 쳐다오 시퍼렇게 날이 설 때까지
아아 전대협이여 우리의 자랑이여 나가자 투쟁이다 승리의 그 날까지

〈전대협진군가〉

제국의 발톱이 이 강토 이 산하를 할퀴고 간 상처에 성조기만 나부껴
민족의 생존이 핵폭풍 전야에 섰다 이 땅에 양심들아 어깨 걸고 나가자
사랑하는 조국을 위해 이 목숨 다 바쳐 해방의 함성으로 가열찬 투쟁으로
반전반핵 양키 고 홈

〈반전반핵가〉

전대협 출범과 동시에 불린 노래는 〈전대협진군가〉였다. 당시 이 노래는 일종의 '의식'이었다. 노래였다기보다는 그것 자체로 하나의 선언이었고, 공론이었다. 〈임을 위한 행진곡〉이 '운동'이라는 이름 하나로 시간과 장소를 막론하고 불렸던 반면 이 노래는 오직 전대협과 관련되었을 때만 불렸다. 이런 전통은 훗날 또 다른 계급의 노래 전통으로 이어지기도 한다.

이어 함께 불린 〈반전반핵가〉에는 그들의 공론이 더욱 강하게 드러난다. 핵과 전쟁을 반대하는 선언이지만, 그 반대 선언의 행동 강령으로 제국주의를 타파하자는 내용이 주를 이룬다. 〈전대협진군가〉에서 보인 민족해방 및 투쟁의 정당성과 더불어 전대협의 공론을 가장 극명하게 보여주는 노래라고 할 수 있을 것이다.

한편, 전대협 내부에 '민족해방National Liberation'이라는 공론 이외에도 '민중민주People's Democracy'라는 공론이 공존하였다는 점은 주지의 사실이다. 하나의 공감장 안에서도 다양한 공론이 서로 투쟁하며 공존할 수 있음을 보여주는 가장 좋은 사례라고 할 수 있을 것이다. 더불어 이 두 개의 공론은 상대적이라기보다는 상보적 투쟁 관계였다는 사실을 간과하지 말아야 할 것이다.

다시, 이런 공감장은 '연대'라는 이름으로 새로운 공감장의 형성에 기여한다. 공론에 대한 공감을 함께 노래함으로써 연대와 지원의 의지를 강하게 표출하고, 내부의 결속력을 다지면서 투쟁과 저항의 동력을 생산했던 것이다. 당시 학생과 농민, 노동자가 함께 불렀던 〈농민가〉와 〈철의 노동자〉 등의 노래는 이렇듯

'운동'이라는 거대 공감장 내부의 또 다른 공감장들 사이의 연대의 매개가 될 수 있었음을 보여준다.

> 삼천만 잠들었을 때 우리는 깨어 배달의 농사형제 울부짖던 날
> 손가락 깨물며 맹세하면서 진리를 외치는 형제들 있다
> 밝은 태양 솟아오르는 우리 새 역사 삼천리 방방 골골 농민의 깃발이여
> 찬란한 승리의 그 날이 오길 춤추며 싸우는 형제들 있다
>
> 〈농민가〉

1990년 4월 24일 창립한 전국농민회총연맹(이하 전농)은 '척양척왜, 보국안민'의 기치를 걸고 일어난 갑오농민전쟁의 뒤를 이어 농민들의 항쟁의 역사를 계승하고, 반민중적, 반민주적, 반민족적 지배세력을 무너뜨리기 위해 노동자를 비롯한 제 민주세력과 굳게 연대할 것을 천명하면서 결성되었다. 〈농민가〉는 이렇게 창립한 전농의 상징과도 같은 노래이다.

이후 전농과 전대협의 연대는 '농활'을 통해 구체화된다. 수많은 농활 관련 집회나 농민시위에서 마치 의례처럼 부르는 노래가 바로 〈농민가〉였다. 적어도 이때만큼은 〈임을 위한 행진곡〉 대신 〈농민가〉가 불렸으며, 학생과 농민은 이 노래를 통해 연대감을 공유하였다. 그리고 애초에 그들이 천명했던 거대 공론, 즉 반민족, 반민주 등의 기치에 기꺼이 동참하게 되었던 것이다.

새 날이 밝아온다 동지여 한 발 두 발 전진이다
기나긴 어둠을 찢어버리고 전노협 깃발 아래 총진군
잔악한 자본의 음모 독재가 판쳐도
새 역사 동트는 기상 최후의 승리는 우리 것
총파업 깃발이 솟았다 한 발 두 발 전진이다
노동자 해방의 그 날을 위해 이제는 하나다 전노협

새 날이 밝아온다 동지여 한 발 두 발 전진이다
지역과 업종은 모두 달라도 전노협 깃발 아래 총진군
갈라진 조국의 역사 외세가 판쳐도
새 역사 동트는 기상 최후의 승리는 우리 것
전국의 노동자 뭉쳤다 한 발 두 발 전진이다
노동자 주인 될 그 날을 위해 이제는 하나다 전노협

〈전노협진군가〉

민주노조 깃발 아래 와서 모여 뭉치세
빼앗긴 우리 피땀을 투쟁으로 되찾으세
강철 같은 해방의지 와서 모여 지키세
투쟁 속에 살아 있음을 온몸으로 느껴보세
단결만이 살길이요 노동자가 살길이요
내 하루를 살아도 인간답게 살고 싶다
아~민주노조 우리의 사랑 투쟁으로 이룬 사랑
단결투쟁 우리의 무기 너와 나 너와 나 철의 노동자

〈철의 노동자〉

전국노동조합협의회(이하 전노협)는 1990년 1월 22일에 결성된 노동자 단체로, 1995년 전국민주노동조합총연맹(이하 민노총)의 설립과 함께 해산된 단체이기도 하다. 창립 이전부터 학생운동과의 연대가 이루어지기도 하였으나, 농민회의 경우보다는 조금 침체된 듯한 인상이 있다. 이는 전노협 내부의 업종별 연대기구의 구성이라는 구조적 특성에서 기인한 바가 크겠지만, 그렇다고 '연대'라는 기치에 어긋남은 없었다.

〈전노협진군가〉를 비롯하여 수많은 노동가요를 생산했던 김호철은 노동가요가 노동해방 투쟁의 음악적 형태이며, 그 시대의 문화가 그 시대의 삶을 반영하듯 빼앗긴 노동의 현실 속에서 노동가요는 노동자의 역사적, 숙명적 자기사명인 '노동해방'이라는 명제에 충실히 복무되어야 한다고 말한 바 있다. 더불어 배고픔에도 풍요를 노래하고 있고, 슬프면서도 기뻐하며, 일부의 것이 마치 전부의 것인 양 호도하고 있는 소위 자본문화는 이 시대를 거꾸로 반영한 의도된 사기이며 소수인 자본이 자기 유지를 위한 이데올로기로 기획되고 연출된 하향적 문화에 다름 아닌 것이며, 그러하기에 노동가요는 이에 맞서는 우리 노동자계급의 이데올로기를 명쾌하게 반영하여야 하며 나아가 저들 자본문화에 대항하는 전선을 구성 끊임없이 투쟁해야 한다고 말한 바 있다.[29]

노동운동이 활발했던 기간에는 〈철의 노동자〉와 같은 노동자의 권리에 관한 민중가요가 주로 불렀다. 이 노래는 독립영화 제작집단 장산곶매의 독립영화 「파업전야」의 OST로서 당시 이

영화의 음악 감독을 맡고 있던 안치환이 1990년에 만든 노래다. 「파업전야」 자체가 대학가를 돌면서 인기를 얻었기 때문에 자연스럽게 이 노래도 인기를 얻게 되었고, 특히 1990년에 출범한 전노협의 출범식에도 쓰이면서 노동 현장에서 많이 불리게 되었다. 「파업전야」는 정권 차원에서 상영을 막기 위해 백골단까지 투입하던 영화였기 때문에 오히려 막을수록 영화에 대한 관심이 커졌고, 자연히 영화 맨 마지막에 투쟁 장면과 함께 나오는 이 노래에 대한 관심도 비례해져서 커졌다. 무작정 막기만 하다가 오히려 관심을 더 키워준 전형적인 사례라고 할 수 있을 것이다.[30]

정리하자면 〈아침이슬〉은 공감장 형성의 전초를 담당했던 노래라고 할 수 있다. 아직 공론의 기치를 노래로 생산해 낼 수 없었던 이들이 대중가요의 가사에 은유와 상징을 부여함으로써 공론의 방식을 새롭게 모색했다고 볼 수도 있는 것이다. 한편 〈임을 위한 행진곡〉은 공감장 구축의 중심 매개가 된 노래이다. 대중가요에 기댈 수밖에 없었던 상황을 극복하고 오로지 자신들의 공론만을 기치로 내세우는 최초의 노래가 되었다고 할 수 있을 것이다.

이후 학생들의 〈전대협진군가〉와 〈반전반핵가〉, 농민들의 〈전농가〉 그리고 노동자들의 〈전노협진군가〉와 〈철의 노동자〉 등의 노래는 공감의 중층성과 연대의 상징을 대표한다고 볼 수 있다. 이런 노래들을 통하여 '민중운동'이라는 거대 공감장에서 학생, 노동자, 농민이라는 구체적인 공감장이 새롭게 형성되고, 이들 사이의 연대가 구체화되는 양상을 살펴보면서, 이제 이를 중층 공감장이라 말하고 싶은 것이다. 특히 이들 노래들의 노랫말이 차례로 은유적이었다가 상징적으로, 다시 구호와 같은 구체성으로 변모한다는 점은 각 공감장들의 저항과 투쟁이 새롭게 형성되고 구체화되는 양상과도 유사하다는 점이 주목된다.

4. 나오며

우리의 노래가 이 그늘진 땅에 따뜻한 햇볕 한 줌 될 수 있다면
어둠 산천 타오르는 작은 횃불 하나 될 수 있다면
우리의 노래가 이 잠든 땅에 북소리처럼 울려날 수 있다면
침묵 산천 솟구쳐 오를 큰 함성 하나 될 수 있다면 정말 좋겠네
〈우리의 노래가 이 그늘진 땅에〉(노래마을, 1992)

위의 노래와 같은 경우처럼 직접적인 경우는 아니라 할지라도, 대개 노래는 가사와 곡이 유기적으로 결합되어 어떠한 메시지를 담고 있는 의미체라고 할 수 있다. "이러한 메시지는 노래의 창작자가 노래 수용자에게 전달하고자 하는 의사意思이며, 노래 수용자는 노래를 듣거나 부름으로써 창작자의 의사에 접하게 된다. 따라서 노래는 가사와 곡을 통하여 메시지를 전달하는 의사소통의 수단이다."[31] 이런 측면에서 어떤 경우, 노래는 음악이 아닌 연대의 외침일 수 있다. 그래서 그것은 '구호catchphrase'이다. 구호란 집회나 시위 등에서 어떤 요구나 주장 따위를 나타내는 간결한

말로, 예전에는 궁중 잔치 때 악인이 풍류에 맞추어 올리는 찬양의 말을 이르던 용어였다. 따라서 구호는 공론의 요지로 만들어진다. 이렇게 구호화된 노래는 특히 집단적 수용의 경우 "단순히 노래 수용의 차원을 넘어서 그 집단의 연대감을 고양"[32]시키는 역할을 수행하기도 한다.

결국 "노래는, 특히 민중의 노래는 이런 무의식의 집합적, 공감적 발현이다. 그것은 의식적이지 않더라도 적층되고 전파되는 과정에서 충분히 재의식화 되기도 한다. 노래를 통해 개인들의 무의식적인 감感이 의식적인 논論의 장으로 자연스럽게 이동하게 되며, 그런 이동의 과정과 공간을 이제 연대의 공유라거나 공감의 장이라고 불러도 좋지"[33] 않을까 한다.

이런 차원에서 '지금, 현재' 우리 사회에서 이러한 노래가 예전만큼 활발하게 제작되지 못하고 있다는 것은 그만큼 어떤 공감(들)의 장이 형성되기 어렵다는 사실을 반증하는 것이 아닐까 한다. 그것이 정치·사회제도적 문제는 아닌지 혹은 단순히 개인의 문제로 치부해버리고 마는 것은 아닌지 하는 의심도 지울 수 없다. 앞서 필자는 노래가 공감(들)의 장을 형성시키는데 기여하는 방식이라든지 혹은 그들의 공론이 어떤 방식으로 형상화되는지에 대해 살펴보았다. 비교적 현대의 '운동'과 그것들의 공감장을 통해 구체적으로 확인하는 일에 다름 아니었다.

이런 양상은 비단 현대에만 국한되지 않을 것이다. 즉, 노래를 통한 공감(들)의 장 형성이 그 이전 시대에도 여전히 존재하지 않았을까 하는 당연한 의문을 제기하고 싶은 것이며, 이러한 의문을 해결함으로써 '역사적 현재'의 지형도를 완성해보고 싶은 것이다. 그런 의도 아래 이 글은 우리의 기억이나 마음속에 존재하고 있는 전근대 역사 속 공감(들)의 장들을 살펴보면서, 그것을 통해 '지금, 여기' 있는 우리는 누구이고, 어떠한 주체가 되어 있는가를 탐색하기 위한 일종의 시론이었다고 할 수 있다.

사설시조의 모더니티

: 자설의 사설 담론화를 중심으로

1. 정감의 전달 방식과 담론

평시조의 발전은 성리학의 발전에 의한 것임에도 불구하고 임병양란을 거친 후 약간 주춤하는 경향을 보인다. 이는 아이러니하게도 성리학적 사상이 완숙의 단계에 이르기 때문이라고 할 수 있다. 성리학이 그 자체로 완숙해지기에 성리학자들은 자신들의 정서를 노래로 만들어 향유할 필요성을 느끼지 못한 것이다. 이후 양란의 시대가 지나고 ―흔히 사대부의 권위와 남성의 권위가 땅에 떨어진 시기라고 일컫는― 사대부와 양반의 전유물이던 시조는 그 작가층과 향유층, 즉 담당층이 급속도로 확대되기 시작한다. 특히 중인계층과 서민들이 합세하면서 시조는 민중의 문학으로 연착륙할 기미를 보이기 시작했다.

그렇다고 사대부 시조가 쇠퇴하는 것은 아니다. 고려 말에 태동한 시조는 시간이 지나면서 점점 공고해지는 과정을 거치는데, 이러한 공고화는 조선 후기까지 그대로 이어진다. 양란 후 시조의 작가와 향유층이 확장되던 시기인 17세기 중후반에 시조의 백미로 꼽히는 윤선도의 작품이 탄생되었고, 19세기에는 최대 시조 작가인 이세보가 등장하였다는 사실 또한 결코 우연이 아닌 것이다. 그러면서도 중인계 시조 작가인 김천택의 등장 또한 우연만은 아닐 것이다. 사대부들의 작품과는 별개로 중인 이하 계층민이 자신들의 삶을 진솔하게 노래한 작품들이 시조라는 형식을 통해 창작되기 시작하는 것이다. 그것이 사설시조—지금 여기에서 말하고자 하는 의미에서—의 시작이다.

일반적으로 친밀한 사회일수록 지시사의 사용, 생략 등 간결한 화법이 발달하는 반면, 큰 사회에서는 낯선 이들과의 소통이 잦으므로 배경 지식의 공유 없이 복잡한 정보를 전달해야 하는 상황이 자주 발생하고, 따라서 단순히 가리키는 것을 넘어 더 많은 정보를 명확히 표시하는 경향이 있다[1]고 한다. 이런 관점을 시조로 옮겨오면 전자는 평시조에 가깝고, 후자는 사설시조에 가깝다고 할 수 있다. 또한 이런 현상을 한 장르의 변천사적 관점에서 보자면 향유 공간의 이동 현상을 상정할 수도 있다. 이를 달리 말하자면 평시조는 중세 후기 보편주의를 구현하고자, 즉 사대부 상호간의 정감 전달 방식이었다고 볼 수 있으며, 사설시조는 사대부와 중인, 중인과 서민 사이의 교류를 담당하는, 즉 독자적 정감을 추구하는 한 방식이었다고 볼 수 있다고 생각하기 때문이다.

이제 "17세기에 돌연히 나타나서 150여 년 뒤에 완전히 폐쇄되어 버린 하나의 '지식 공간'으로서 사설시조"[2]가 어떤 방식으로 근대로의 진입 과정에 들어섰는지에 관해 재구해 볼 시점이다. 사설시조가 가진 다양한 근대적 스펙트럼을 공유하면서도 아직까지 그 명확한 답을 찾아내지는 못했다고 판단하기 때문이다.

그 재구의 매개가 이 글에서는 자설의 사설 담론화이다. 자설의 사설 담론화론은 이 글에서 사설시조의 모더니티를 탐색하기 위해 제기한 일종의 가설이며, 하나의 시론적 성격을 갖는다. 주지하다시피 담론은 권력에 봉사할 수도 있고 정반대로 그것에 저항할 수도 있다. 일찍이 푸코가 지적한 바, 담론은 권력을 생산하고 전달하며 좌절시킬 수도 있는 것[3]처럼 담론은 지식이자 권력 그 자체인 것이다. 물론 이 글에서 말하는 권력이란 사설을 통해 자설을 담론화 함으로써 획득된 민중의 권력이자 그들의 역동적이고 인간적인, 그리고 구체적인 목소리이다.

담론은 사적 개인을 공중으로 변화시키며, 그리하여 담론에 참여한 개인은 기존 권력을 강화하거나 저항하는 행위자로 변모하게 한다.[4] 이 모든 것을 가능하게 했던 것이 바로 사설시조이며, 그것을 구성하는 매개가 바로 자설의 사설 담론화라고 말하고 싶은 것이다. 이제 이런 담론화의 몇 가지 기제와 내용을 밝히는 것으로 사설시조의 모더니티에 관한 한 양상을 설명할 수 있을 것으로 기대한다.

2. 사설시조의 모더니티에 관한 몇 가지 해석

사설시조는 현재 통념적으로 '조선후기에 성행한 반중세적·근대지향적·서민적' 양식이라고 인지된다.[5] 그런데 사실 이런 인지가 통념이 되기까지 주창되었던 논거들은 공허하기 짝이 없다. '근대성'이라는 서구적 관념을 무비판적인, 말 그대로 '서구적'으로만 바라보았던 까닭이다. 곧 서구라는 지정학적 위치와 연계하여 모든 근대란 곧 서구의 근대라고 추상화하는 동시에 거기에다가 우월적인 지위를 부여하고 이를 맹목적으로 추수했던 초기의 그릇된 관행 탓이기도 하다. 따라서 이를 극복하기 위해서는 근대주의적 사유의 패러다임을 벗어나서, 이를 다시 볼 수 있는 또 다른 근대를 상정할 필요가 있다는 이형대[6]의 주장은 매우 설득력이 있어 보인다.

그가 말하는 것처럼 "사설시조에서 근대성을 찾고자 하는 연구의 출발 동기에서 이미 전제되어 있듯이, 근대성은 순전히 서구로부터의 박래품만은 아니다. 그것은 욕망하는 사람들이 살고 있고, 낡은 제도와 관습, 규율에서 벗어나기를 꿈꾸는 사람이 있는 곳이라면 어디서건 생성될 수 있기 때문이다. 이 점은 또한 우리의 분절적 근대주의를 극복하기 위한 학적 실천이란 면에서도 의의를 갖는다. 사실 근대나 근대성이란 역사학계에서 그어놓은 시기 구분의 계선界線대로 선명하게 분절되는 것은 아니다. 따라서 우리는 우리의 근대 형성에 있어서 외래적 충격을 인정하면서 '근대란 과거의 다양한 사상事象에서 쓸모 있는 과거usable past의 몇 가지를 골라내서 거기에 수정, 변형, 신기한 조합, 초점 치환 등 새로운 수정을 더하는 것으로 새로운 자기自己를 조직화한다'[7]는 의견을 경청할 필요"[8] 또한 충분하다.

여기에서 현재 조선 후기 사설시조의 모더니티를 규정하는 몇 가지 성격을 살펴보자. 우선 조선 후기 시가문학의 성격을 규정짓는 과정에서 흔하게 언급되는 논리는 주로 '실학정신의 대두'와 '서민의식의 각성' 혹은 '산문화의 경향' 등을 꼽는다. '의식의 진전'에서 그 변화의 원인을 찾으려 한다는 것이다.[9] 그러나 사실 그 의식의 진전이라는 실체가 분명해 보이지는 않는다. 그러한 진전 혹은 변화에 대한 원인이나 배경이 무엇인지 고찰하는 일에는 소홀했기 때문이라고 보인다.

그런 의미에서 고미숙은 이러한 "기존 연구들의 추상성을 지양하기 위해 18·9세기를 사회적 생산제력과 생산 제관계 사이의 현존하는 모순의 면에서 바라보는 정치경제학적 인식과 그러한 사회구성체의 변화와 이행을 생산수단 전유방식을 둘러싼 각 집단간의 대립, 투쟁으로써 파악하는 변혁론적 시각"[10]이 요구된다고 말한다. 이런 시각은 우선 사설시조에 나타난 인간적 욕망, 달라진 세계인식 등으로 구체화되는 모습을 통해 증명될 수 있다.

물론 이런 증명 과정을 통해 궁극적으로 우리는 사설시조의 모더니티가 어떠한 문학적 방식으로 구현되고 있는지를 밝혀야 한다. 그럼으로써 우리 문학의 모더니티가 온전히 밝혀질 수 있을 것이며, 또한 그것을 통해 당대 예술의 다양한 면모들을 근대 혹은 근대성이라는 이름으로 재구성 할 수 있게 될 것이다.

최근 사설시조의 모더니티에 관한 논의들 중 또 하나의 주요

테마는 '담당층'[11]에 관한 것들이다. 사대부냐 중인이냐를 놓고 상반된 추정들을 서로 지적하고 있는 것이다. 이러한 "담당층의 문제가 사설시조의 발생 시기나 구조, 장르적 속성 같은 표면적이고 객관적인 지표에만 관여하는 것이 아니라 미의식으로 발현되는 작가의식(내지 창작의식)처럼 내면적이고 복합성을 띤 주관적인 해석에도 깊이 관련되어 있다."[12]고 할 수 있기에 담당층을 규명하는 일은 사설시조의 성격을 규명하는 일에 일정 부분 맞닿아 있다고 보인다.

그러나 이 글에서 사설시조의 담당층을 직접 언급하지는 않는다. 단지 중인 이하 서민들이라고 해서 '반드시' 어떤 '각성'을 촉발시켜야 한다는 의무가 있을 리 만무하고, 사대부들이라고 해서 그런 각성과는 무관한 삶을 살아야 한다는 법도 없기 때문이다. 즉, 담당층의 계층적 성격을 규명한다고 해서 그것이 곧 사설시조의 모더니티를 규명하는 일의 전부는 아니라는 것이다.

한편 사설시조에서 기존의 중세문학과 변별되는 가장 두드러진 자질을 찾는다면 '물질적 세계에 대한 관심'이라고도 할 수 있다. 그것은 일면, '관념에서 현실'로의 시각 전환이며, 타면 '살아 움직이는 현실'의 문학으로의 침투 작용이기도 하다. 우리에게 너무나 익히 알려져 있는 사설시조의 소재 및 주제의 다양성·생동하는 형상·구체적 생활 언어 등의 특징은 바로 이러한 인식전환화의 미적 반영[13]에 다름 아니다.

박승희 역시 평시조를 비롯한 여타의 사대부적 양식들과 구분

되는 사설시조의 가장 두드러진 특징으로 '물질적 세계에 대한 관심'을 든다. 이러한 물질적 세계관은 민중예술의 세계관과도 그 연관이 깊으며, 이를 통해 하층민들의 예술적 표현들이 예술적 중앙으로 진출하게 되는 하나의 계기[14]를 확인할 수 있다고 본 것이다.[15]

이러한 세계의 물질성에 대한 자각, 현세적 삶에 대한 욕구가 개체 일반의 창조성과 역동성으로 드러날 때, 그 형태가 매우 독특한 것은 눈여겨 볼 필요가 있다. 사설시조가 중세적 사유를 부정하고 제시한 새로운 삶의 형태가 퇴폐와 허무의 비생산성을 보여주고 있다[16]는 점 등이 그것이다. 여기에서 그렇다면 퇴폐와 허무의 비생산성이란 근대 이행의 실패 측면을 보여주는 징표라고 해석해야 하는 것인지에 대해서는 좀 더 궁구해야 할 문제이다.

이렇듯 지금까지 사설시조의 근대성과 관련한 연구에서는 의식의 각성 측면이나 작자층의 계급성 해명, 그리고 물질세계에 대한 인식에 초점을 맞춘 연구가 탄력을 받았다고 할 수 있다. 이런 성과들에 따르면 사설시조에서 '물질적 현실에 대한 관심의 증대'라는 세계관의 변화가 뚜렷하게 보이는 바, 이는 생산력과 생산관계의 모순이라는 토대의 문제가 반영된 것으로 이해되었다. 담당층으로는 사대부 작자설과 대립하면서, 17세기 이후 물질적인 부의 축적과 이를 기반으로 새로운 예술 향유층으로 등장한 중간계층이 주목되었다.[17]

특히 사설시조의 세계관적 기반, 즉 '세계를 있는 그대로 받아들이고 생존의 기쁨을 향수'하면서 '관념'이 아닌 '구체적 세계', '추상'이 아닌 '감성적 세계'에 대한 비상한 관심을 보이는 것은 중세문화를 극복하는 새로운 조류로서, 또 중세해체라는 시대적 변환에 대한 반영으로서, 그 역사적 가치를 인정할 수 있다.[18] 이것은 분명 조선 후기 문학사에 있어서 사설시조 담당층이 지닌 진보적 계기의 발현임이 틀림없다.

그런 측면에서 물질적·구체적 세계에 대한 관심으로 인해 현실에 존재하는 어떤 자질구레한 것도 포착할 수 있고, 어떤 추상적인 것도 구체적 대상과 연관시킬 수 있는 능력은 사설시조만의 독특한 미적 특질이라고 말할 수 있는데, 이 뒤에는 '세계의 물질성'에 대한 자각이 자리하고 있는 것이다. 이것은 사설시조의 담당층이 관념이 현실을 압도하고 전일적으로 통일시켰던 중세적 사유를 탈피하여 현실을 움직이는 규정적인 힘, 즉 물질적 관계에 주목하기 시작한 것을 의미한다.[19] 따라서 이것은 자연스럽게 현실을 압박하는 관념에 대한 부정과 현실적 삶의 긍정이라는 차원으로 이어진다.

이런 의미에서 물질세계에 대한 인식, 즉 근대의 거시적 담론이 사설시조라는 문학적 영역 속에서 어떻게 표현되고 구조화되었는지를 검토하는 것은 매우 의미 있는 일이라고 할 수 있을 것이다. 그럼에도 불구하고 이 글에서 주목하는 것은 기존의 인식틀이 아닌 다른 방식의 조망이다. 사설시조의 담당층 문제나 세계에 대한 인식의 변화, 형식의 파격 등이 아닌 '말하기-걷기'의 방식과 그 결과로서의 '심인尋人'에 주목해보자는 것이다. 그리고 이 '심인'을 구체적으로 형상화시키는 방식의 하나로 서정의 중층 양상을 확인해 보자는 것이다.

3. 심인尋人, 서정의 중층

문학에서 근대성을 찾는 이유는 무엇보다도 '심인尋人'[20]이 아닐까 싶다. 유럽적 혹은 보편적 근대를 추수하는 과정에서 그에 걸맞은 우리의 근대성을 찾는 과정이 아니라 우리에게서 자생적으로 형성된 그 어떤 것—이를 근대성이라고 말하고 싶기는 하지만—, 이전 시대와는 다른 그 어떤 것을 새롭게 발견하는 것, 그것이 우리 문학에서 근대성을 탐구하는 주요 목적 중의 하나가 아닐까. 적어도 문학의 영역에서 철저히 타자로 존재했던 이들의 자기 찾기와 다름 아닐 것이다.

"우리 근대성의 그림자는 근본적으로 그것이 제공하는 삶의 조건들이 전체적으로는 우리 사회 성원들 대다수에게 여전히 '인간다운 삶'이나 '존엄한 삶'의 가능성을 결코 충분하고 적절한 방식으로 제공해 주지 못할 뿐만 아니라 오히려 그들에게 삶의 실패나 인간 존엄성의 훼손과 모욕에 대한 염려와 불안의 의식만을 증대시키고 있다는 데서 성립한다."[21]는 장은주의 말을 빌린다면 근대성의 시작은 바로 이런 인간 존엄성의 훼손과 모욕에 대한 염려와 불안 의식의 각성에서 비롯한다고도 볼 수 있다.

'심인'은 바로 이런 각성으로부터 비롯하는 텍스트적 발현이다. 좀 더 자세히 보자. 의식의 각성 계기는 '불不'에 대한 인지일 수도 있다. 이런 인지는 당대 사회·정치·문화적 맥락에서 이해해야 한다. 중인층의 성장과 더불어 신분제도의 혼란이 겹쳐지는 지점에서 야기되는 각종 사회문제는 이들로 하여금 '불'에 대한 인지를 가능하게 했다. 예를 들어 소통이 이루어지 않는 불통, 그 결과가 바로 무수히 일어났던 민란이 아니겠는가.

이를 문학의 공간으로 끌어오면 사설시조를 꼽지 않을 수 없다. 앞서 살폈듯이 사설시조에 관한 최근의 연구 동향이 이를 잘 대변해준다고 하겠다. 그런데 그간의 문학 근대성 탐구 과정을 일별해 보면 일종의 르상티망ressentiment적 심리가 작동된 경우가 많음을 볼 수 있다. 즉, 유럽적·보편적 근대성에 우위를 두고 이를 무조건적으로 추수하려는 경향 그러면서도 다른 한편에서는 '우리만'의 어떤 존재를 찾아 이를 통해 비교 우위의 양상을 드러내보이자 하는 경향들이 바로 그것이다.

따라서 이런 경향을 극복해보고자 이 글에서 내세운 매개가 바로 '심인'이다. 심인이란 말 그대로 인간 찾기이다. 인간으로 존재하는 혹은 존재해야 하는 이유를 찾는 것은 달리 말해 타인을 인정하는 것에 다름 아니다. 또한 곧 '나'를 인정하는 것에 다름 아니다. 물론 동서고금을 막론하고 문학 텍스트에서 '인간' 혹은 '나'를 찾는 일은 결코 어려운 일이 아니다. 그러나 어떤 이들이 어떤 형식의 문학 텍스트를 향유했는지, 그리고 그런 텍스트가 산생했던 당시의 정치·사회적 상황은 어떠했는지에 따라 그 '인간' 혹은 '나'는 전혀 다른 양상으로 표현되거나 노래된다.

서정의 중층은 이 과정에서 확인된다. 서정이란 객관적 세계와 작가의 체험이 자아에 의해 흡수되고 정서화된 표현이라고 일컫는다. 그래서 개인의 정서를 주관적으로 노래하는 경우가 많다. 이를 우리 시가 장르에 국한한다면 시조는 두말 할 필요 없이 서정 장르에 해당한다. 평시조든 사설시조이든 의심의 여지없이 서정 장르이다.

간혹 사설시조를 평시조와의 변별을 강조하기 위해서 서정이 아닌 사설의 서사문학의 세계를 펼쳐 보인다거나 서양의 근대화 과정에서 생성 발전된 서사적 산문문학(시민 서사, 소설)과 견주는 것[22]의 위험성을 간과해서는 안 된다. 또한 사설시조가 왕왕 시정(저자거리)의 삶의 세계(이것을 서사적 산문문학의 세계라 할 수 있을지 모르지만)에서 소재를 취해오는 것은 사실이지만 서사나 소설과는 무관하게 서정적으로 표현한 서정시인 것이다. 즉 사설시조는 비非서정, 탈脫서정이 아니라 '서정의 확장'인 것이다.[23]

물론 이 글에서는 시조의 이와 같은 양상을 서정의 '확장'이 아닌 '중층'이라고 본다. 표출되는 서정의 양상이 평시조와 사설시조에서 분명 다른 모습으로 포착되기 때문이다. 다음 두 작품을 살펴보자.

① 菊花야 너는 어이 三月 春風 다 보닉고
落木 寒天에 네 홀노 픠엿는다
아마도 傲霜高節은 너 뿐인가 ᄒᆞ노라 (445)[24]

② 간 밤의 자고 간 그 놈 아마도 못 이져라
瓦얏놈의 아들인지 즌 흙에 뽐닉 드시 沙工놈의 뎡녕인지 沙於찌로 지르 드시 두더쥐 녕식인지 곳곳지뒤지 드시 平生에 처음이오 흉증이도 야롯지라
前後에 나도 무던이 격거시되 참 盟誓ᄒᆞ지 간 밤 그 놈은 참아 못니저 ᄒᆞ노라 (106)

①은 영조대 문신이었던 이정보(1693~1766)가 지은 시조로 '국화'가 주된 시적 대상이다. 이 국화는 '삼월춘풍'은 흘려보내고 '낙목한천落木寒天'에 홀로 핀다. 지은이는 이 국화에서 '스스로 강인함[자강自强]'을 본다. '오상고절傲霜高節'이 이를 표상한다. 흔한 평으로 여기에서 '국화'는 '절개'를 상징하며, 그런 절개가 사대부의 품성과 닮아 있어 이를 칭송하는 작품이라고 할 수 있다.

여하튼, 이 작품에서 조선 사대부들의 관습적 표현이 텍스트 전면을 지배한다는 점만은 분명해 보인다. 그러면서 내비쳐지는 감정은 비단 지은이 자신만의 감정이 아닌 사대부라면 누구나 가질 법한 감정이다. 앞서 말한 '타의 선험' 여기에서는 곧 유교적 이데올로기에 의한 공식적인 감정인 것이다. 좀 더 나아가면 이런 감정은 '이상적 서정' 내지 '만들어진 서정'이며, 당대 주류 문학을 지배하던 서정이라고 할 수 있겠다.

위 ②번 또한 이정보의 작품이다. ①과 매우 다른 표현과 양식으로 이른바 사설시조에 해당한다. 그가 사대부라고 해서 서민들이 지어 불렀던 여타의 사설시조와 다른 점은 별로 보이지 않는다. 이 노래의 핵심은 '간 밤 그 놈 차마 못 잊어'이다. 화자 스스로도 맹세하건대 자신도 많은 경험을 가지고 있지만, 도대체 간 밤 자고 간 그 놈은 절대 잊을 수 없는 그런 '놈'인 것이다. 그런데 여기에서 '놈'은 '남자' 그 자체를 의미하기도 하지만, 좀 더 자세히 보면 '남자'가 아닌 그 남자의 '행위'임을 간파할 수 있다. 중장에서 설명해 놓은 갖가지 이유들이 바로 그것이다.

그런데 지은이는 이 작품에서 자신의 목소리를 숨기고 대신 유녀遊女를 내세웠다. 솔직하고 구체적인 감정을 토로하기 위해 필요한 장치였던 것으로 짐작된다. 이런 구체적인 목소리는 ①과는 달리 매우 역동적이면서 거침없는, 그리고 만들어지지 않은 '날것의 서정'을 포착할 수 있게 한다. 당대 서정의 또 다른 양상이며, 이를 서정의 중층이라고 할 수 있을 것이다.

서정의 중층은 또한 '말하기-걸기'의 구조로 설명할 수 있다. 이런 구조는 김학성의 논의와도 무관하지 않다. 그는 사설시조가 "평시조의 틀을 전범으로 삼아 모방적으로 재현하되 다만 평시조는 주어진 형식적 틀에 맞추어 엄격하게 음보수를 통제하는 억제발화인 데 반해, 사설시조는 거대틀만은 엄격하게 준수하고 미세틀인 음보수는 상당 정도 일탈하고 자유롭게 늘여 사설을 많이 주워섬기고 소재들을 많이 엮어 짬으로써 텍스트 자체의 재미를 느끼도록 하는 확장발화에 해당한다. 이 때문에 사설시조를 엮음[편編]시조, 습拾시조, 말(사설)시조 등으로 부르기도 하는 것[25]"이라고 말한 바 있다. 즉, 말하기와 억제발화, 그리고 말걸기와 확장발화와의 상관관계가 밀접해 보인다는 것이다.

이런 관점은 또 후술할 '자·타설' 논의와도 일정 부분 관계를 갖는다. 먼저 '말하기'는 '자설'과 관련된다. 이때의 자설은 기존 이분법적 자·타설 논의에서의 그 '타설'까지를 포괄한다. 왜냐하면 이때의 타설은 엄밀히 말해 '타설적 자설', 즉 자설을 위해 가져온 시적 장치[26]에 불과하다고 보기 때문이다. 다음으로 '말걸기'는 '타설'과 관련된다. 여기에서 타설이란 단순히 타의 선험 등을 의미하지 않는다. '말하기'가 나에게서 내면으로 혹은 작은 사회로의 지향이었다면, '말걸기'는 나에게서 외면으로 혹은 좀 더 큰 사회를 향한 발화 방식을 의미한다. 그래서 자설이 타설화되는 과정에서 구체적이고 꾸밈없는, 숨김없는 발화가 이루어질 수밖에 없고, 이것이 시조의 언어가 사설화 될 수밖에 없었던 이유이기도 하다는 것이다. 이에 대해서는 다음 장에서 후술하도록 한다.

4. 자설의 사설 담론화와 모더니티

우선 자설의 사설 담론화 가설이 성립하려면 평시조의 파격으로서 사설시조가 아닌, 장시조와 대비적 개념으로서의 사설시조라는 점을 전제해야 한다. 그렇게 되면 장시조의 담당층을 평시조의 담당층과 동일선상에 놓을 수 있게 된다.[27] 사설시조는, 아직 그 성격을 모두 추출해내기는 어렵겠지만, 17~18세기 자설이 타설화되는 시기에 사설을 통해 담론을 이끌어내려는 일종의 시가적 근대 이행기의 산물로 보는 것을 어떨까 하는 의미에서 제안하는 가설인 것이다. 이런 가설은 조세형의 논의 가운데서도 하나의 성립 가능성을 읽을 수 있다.

그는 사설시조가 애당초 『청구영언』 내 「만횡청류」 소재의 작품들에서 비롯된 것으로, 평시조가 3장 6구의 관습을 매우 엄격하게 지키도록 요구하는 것과는 달리, 음악적 요구 외에 어떤 장르적 관습의 요구를 받는 것으로 확정지을 수 있을지 모호하다고 지적한 바 있다. 그런 까닭에 사설시조의 형식에 대한 개론적인 설명들 또한 "초장·종장이 짧고 중장이 대중없이 길며 종장의 첫 구만이 겨우 시조의 형태를 지니는 것과, 세 장 가운데 어느 두 장이 여느 시조보다 긴 것이 있다."라고 소극적으로 서술하는 경우가 대부분이었다. 말하자면 '평시조가 아니면서, 여전히 시조의 이념을 준수하고 있는 작품의 무리'를 가리킬 수 있으려면 관습적 경계선 안쪽의 평시조에 대해 그 경계선 너머의 사설시조로 기술할 수밖에 없는 것[28]이라고 말하였던 것이다.

이런 관점을 염두에 두고 다음 작품을 살펴보자.

③ 高臺 廣室 나ᄂᆞᆫ 마다 錦衣 玉食 더욱 슬타
銀金 寶貨 奴婢 田宅 비단치마 大緞 장옷 密花珠 겻칼 紫的
鄕織져 고리 ᄯᆞᆫ 머리 石雄黃 오로다 숨자리 ᄀᆞᆺ다
眞實로 내의 願ᄒᆞ기ᄂᆞᆫ 글 잘ᄒᆞ고 말 잘ᄒᆞ고 얼골 ᄀᆡ쟈ᄒᆞ고 픔
자리 잘ᄒᆞᄂᆞᆫ 져믄 書房인가 ᄒᆞ노라 (249)

이 작품은 앞서 말한 사설시조의 형식에 대한 논의에서 벗어나지 않는 전형적인 사설시조의 형식을 갖추고 있다. 신은경[29]은 이러한 류의 형식 파괴에 대해 사설시조의 시어나 행 구성 방식에 환유적 원리가 나타나며 이 원리에 의해 산문화 원리와 대화 원리가 나타남을 지적한 바 있다. 그런데 조세형은 이러한 환유적 원리에 대한 지적은 그 자체로서 지니는 타당성에도 불구하고 그러한 현상이 나타나게 된 시대적·인식론적 이유까지 설명하지 못하는 아쉬움이 있다고 말한다. 민요적(민중적, 리얼리즘적)이기 때문에 환유적이 되었다는 설명은, 자칫하면 환유적인 것은 민요적이라는 명제의 동의반복이 될 수 있다고 우려[30]한 것이다.

이러한 우려와 아쉬움에서 좀 더 떨어져 보기 위해 이 글에서는 한국시가에서의 자·타설 논의에 주목해보기로 한다. 이에 대해서는 인간이 자기 경험을 구체적으로 드러내는 것이 자설이고, 반대로 타의 선험에 의지한 표현이 추상적이고 관습적인 테두리에 머무르게 되면 타설이라는 박철희[31]의 논의가 있다.

그러나 이러한 이분법이 시조의 구조를 모두 포괄할 수 있는 논의가 될 수는 없다. 여기에는 담당층에 대한 고려가, 그리고 그

로 인한 시적 특질이 모두 무화될 여지가 남겨져 있기 때문이다. 게다가 그는 사설시조를 자설적 구조로 파악하여, 형식면에서는 평시조의 형식을 이어받고 있으면서도 그 장르 나름의 자설미를 발견하고 개성적인 리듬을 획득한 끝에 자유시의 내적 배경을 마련하는 정형을 이룩한 것이라고 하였다. 이런 논의의 핵심은 자유시의 내적 리듬을 설명하는 과정에서 나온 것으로, 사설시조의 구조를 순전히 자유시 논의의 도구로만 인식한 결과라고도 할 수 있다.

이런 상황에서 필자는 기존 시가론에서 언급되던 자·타설 개념을 좀 더 확대된 관점에서 재구해보고, 이를 시조 텍스트에 적용해보고자 한다. 자설의 사설 담론화의 준거로 삼기 위한 과정이다. 우선 기존의 타설이 인간이 자기 경험을 표현하는데 있어 추상적이고 관습적인 테두리 안에 머무는 것, 그에 반하여 자설이 이를 구체적으로 드러내는 것임에는 틀림이 없다. 여기에서 문제는 '인간이 자기 경험을 표현하는데 있어'라는 전제다. 그리고 이 전제는 곧 시적 결과물이기도 하다. 타설이건 자설이건 결국은 인간적 경험을 표현한다는 데에 그 목적이 있는 것이다.

이를 시조 텍스트로 한정해 보자. 평시조는 양반 사대부층의 전유물로서 전형적인 타설적 구조를 가진다는 것이 일반적인 평가이다. 그러나 이 글의 관점에서는, 평시조는 넓게 보아 자설적 구조이다. 이는 사설시조도 마찬가지이다. 평시조에서 타의 선험을 빌리는 까닭은 결국 자기를 말하기 위함이다. 따라서 이때의 자설은 스스로든 아니면 타의 선험이든 결국은 ‘자신을 말하기’로 귀결된다는 것이다. 이때의 말하기가 관념화되고 추상화되었다는 사실만 가지고 타설이라고 한정짓는 것은 시조 텍스트가 가진 서정적 가치를 스스로 제한하는 일에 다름 아닌 것이다.

이런 까닭에 필자는 ‘자설’과 ‘타설’의 이분법이 아닌 ‘자설의 담론화를 위한 타설적 사설화’를 사설시조의 모더니티를 탐구하는 과정에서의 한 매개로 삼고자 했던 것이다. 즉 평시조가 자설 혹은 타설에 있어서 엄격한 형식을 요구하는 것으로 담당층의 욕망을 내면화하고 했다면, 사설시조에서는 오히려 의도적으로 자설을 타설화 함으로써 담당층의 욕망을 외면화시키고 그 자체로 담론화 되었다는 것이다. 물론 이때 타설화의 방식은 다른 이의 목소리를 빌려오는 것이 아니라 자신의 목소리를 더욱 자세하게, 그리고 더욱 크게—음악적 측면에서— 늘어놓음으로써 일종의 공감을 획득하는 방식이라고 할 수 있다. 다음 작품들을 살펴보자.

④ 北天이 ᄆᆞᆰ다커늘 雨裝 업시 길을 나니
山에는 눈이 오고 들에는 ᄎᆞᆫ 비로다
오늘은 ᄎᆞᆫ 비 마자시니 얼어 잘까 ᄒᆞ노라 (1890)

⑤ 어이 어러 자리 므스 일 어러 자리
鴛鴦枕 翡翠衾을 어듸 두고 어러 자리
오늘은 ᄎᆞᆫ 비 마자시니 녹아 잘까 ᄒᆞ노라 (2773)

⑥ 즁놈도 사룸이 냥ᄒᆞ여 자고 가니 그립더고
즁의 松絡 나 베옵고 내 족도리란 즁놈 베고 즁놈의 長衫은 나 덥습고 내 치마란 즁놈 덥고 자다가 ᄭᅢ야 보니 둘의 ᄉᆞ랑이 송낙으로 ᄒᆞ나 족도리로 ᄒᆞ나
이튼날 ᄒᆞ던 일 ᄉᆡᆼ각ᄒᆞ니 못 니즐가 ᄒᆞ노라 (3759)

위 ④와 ⑤는 백호 임제(1549~1587)와 그의 연인이었던 기생 한우寒雨 사이에 오고갔던 일종의 수창시조이다. 우선 ④에서 주목되는 시어는 'ᄎᆞᆫ 비'이다. '찬 비'는 말 그대로 '차가운 비', 한자로 옮기면 '한우寒雨'를 의미한다. 날씨가 춥다는 말이기도 하지만, 이 작품에서는 이 노래를 들어줄 상대역인 기생 한우를 은유한다. '얼어' 또한 '얼음이 얼다' 혹은 '춥다'는 말이면서 동시에 남녀 간의 사랑 행위를 의미하고 있다. 이에 화답한 기생 한우의 작품 ⑤ 역시 이와 같은 해석에서 크게 벗어나지 않는다. 종장을 주목해 보자. 'ᄎᆞᆫ 비 마자시니'는 그저 찬비를 맞았다는 의미에 그치지 않고 자기 자신을 맞이했다는 뜻으로 중의된다.

이 두 작품 모두에서 사랑의 구체적 행위는 문면 아래로 가라앉아 있다. 그런 구체성들은 모두 은근한 비유를 통해 중의로 치환해버린다. 사실 두 당사자가 아니고서는 작품의 의미를 선뜻 파악하기란 힘든 일이다. 작시 배경을 모두 안 연후에라야 비로소 그 의미를 명확하게 포착할 수 있는 것이다. 이른 바 작은 사회에서의 제한된 공감일 뿐이다.

그런데 작품 ⑥은 이와는 다른 양상—물론 시대적 간극을 고려해

야 하겠지만—을 보인다. 이 작품을 두고서 김흥규는 "성애性愛에 굶주렸던 여인이 체험한 하룻밤의 정사와 그 충족감을 구체적이면서도 함축성이 풍부하게 그려낸 점에서 〈즁놈도 사룸이 냥ᄒ야〉는 우리 고전문학에서 유례를 찾기 어려울 만큼 뛰어나다. '숑낙, 족도리, 장삼, 치마'가 엇바뀌고 마구잡이 내던져진 성행위의 현장과, 그 과정이 지나간 뒤에 느끼는 만족과 긍정의 충만함이 중장에 생생하다. 종장은 이 일들을 다음날 되새기는 여인의 표정과 육체적 감각까지 여실하게 재현했다."[32]고 극찬한 바도 있다. 그 생생함의 재현이 곧 날 것의 꾸밈없는 서정이라고 볼 수 있는 것이다.

이 노래의 화자는 구태여 자신의 감정을 숨기지도 꾸미지도 않는다. 오히려 낱낱이 드러냄으로써 그간 금기시되어 왔던 문학적 표현에 생동감을 부여한다. 이런 생동감이 주는 파장은 의외로 드세다. 숨겨왔던 개인적 욕망을 구체적으로 드러내면서 공감의 장을 대폭적으로 확대시키고 있는 것이다. 두세 번 음미할 필요도 없이 경험을 늘어놓음으로써[사설辭說] 좀 더 큰 세계로의 발화를 성공시키고 있는 것이다.

따라서 이러한 자설의 사설화가 근대성의 한 매개가 될 수 있다면 이런 사설화가 지향하는 목적이 바로 공감장의 확대이자 새로운 담론장을 형성하는 것이 아닐까 한다. 개인의 목소리를 정제되지 않은 날 것으로 드러내면서 이 과정에서 사설화 되어 민중적 담론이 형성된다는 것이다. 이러한 사설화는 결국 형식의 파괴를 불러오고, 이런 파격의 미는 또 다른 장르의 형성과 유행에 기여했다고 볼 수도 있다. 예를 들어 잡가나 규방가사—순전히 방외 문예 향유층의 문학 참여 측면에서— 등이 그렇다.

이렇게 보면 평시조는 자설의 구조에 가깝고, 그리하여 공감(들)의 장이 매우 제한적일 수밖에 없다. 평시조의 주된 담당층인 사대부들의 이념적, 형이상학적 심인 과정의 결과인 것이다. 반면 사설시조는 타설화된 구조에 가깝다. 시어가 사설화 됨으로써 좀 더 구체적으로 담론을 형성시켜 심인의 과정을 수행하기에 용이해진 것이다. 달리 말하면 공감장의 확대가 본격적으로 이루어지는 문학 공간이라고 할 수 있을 것이다.

이는 자설이 타설화 되면서 서정의 중층을 말할 수 있게 되었고, 이런 중층이 모더니티의 한 요소가 될 수 있다는 의미이다. 그리고 이런 타설화의 매개가 바로 시어의 사설화이고, 사설을 통한 타설화가 담론으로 형성되었다는 의미이기도 하다.

이런 사설 담론화의 내용적 측면을 보다 적확하게 표현하는 용어 중의 하나가 바로 풍자諷刺일 수도 있다. 풍자는 건전한 사회비판의 유용한 한 방식이다. 감성을 발현해야 하는 당위에 가장 적합한 기제 중의 하나로도 볼 수 있는 것이다. 이를 예술의 한 형식으로 본다면, 주로 문학이나 연극, 무용, 미술 등의 장르에서 사회를 비웃거나 조롱하면서 그 문제를 드러내보이고자 하는데 사용된다. 다음 작품도 그와 관련한 한 사례가 될 수 있다.

⑦ 一身이 사자ᄒᆞ니 물것 계워 못 살니로다

皮ㅅ겨 ᄀᆞᆺ튼 가랑니 보리알 ᄀᆞᆺ튼 슈통니 줄인 니 갓ᄭᆡᆫ 니 잔 벼록 굵은 벼록 강벼록 倭벼록 ᄀᆡ는 놈 ᄯᅱ는 놈에 琵琶 ᄀᆞᆺ튼 빈ᄃᆡ 삿기 使命 ᄀᆞᆺ튼 등에어이 갈ᄯᅡ귀 ᄉᆞ무아기 셴 박휘 누른 박휘 바금이 거저리 부리 ᄲᅩ족ᄒᆞᆫ 모ᄀᆡ 다리 ᄀᆡ 다ᄒᆞᆫ 모ᄀᆡ 살진 모ᄀᆡ 야윈 모ᄀᆡ 그리마 ᄲᅩ록이 晝夜로 뷘 틈 업시 물거니 쏘거니 ᄲᆞᆯ거니 ᄠᅳᆺ거니 甚ᄒᆞᆫ 唐비루 예셔 어려왜라

그 듕에 ᄎᆞᆷ아 못 견될 ᄉᆞᆫ 五六月 伏더위에 쉬ᄑᆞ린가 ᄒᆞ노라 (3437)

이 작품을 보면 어떤 이가 세상을 살아가고자 하는데 가랑이, 수통이, 잘고 굵은 벼룩, 빈대, 등에, 각다귀, 모기 등의 온갖 물것들이 쏘아대고 물어뜯고 해서 살기가 고달픈 중에서도 오뉴월 복더위에 쉬파리는 더 참기가 어렵다[33]고 말하는 모습을 살펴볼 수 있다. 당대 현실과 결부하여 관리와 양반들을 온갖 벌레로 풍자하면서 그들의 백성 수탈을 비판하고 있는 것이다.

특히 사용된 시어를 중심으로 두드러진 표현을 살펴보면 '기는 놈, 뛰는 놈, 주야로 빈 틈 없이, 물거니, 쏘거니, 빨거니, 뜯거니' 등이 주목된다. 이런 표현들만으로도 사설시조는 사대부시조와 달리 거칠면서도 활기에 찬 어떤 역동성을 담고 있다고 해석할 수도 있을 것이다. 이 역동성이야말로 바로 적극적 '말걸기'의 결과이다. 자신의 현실을 구구절절, 온갖 물것들을 동원하여 세밀하게 표현하는 과정을 단순히 하나의 자조自嘲라고 볼 수만은 없기

때문이다. 흔히 사설시조를 웃음의 미학이라고도 하는데, 일상적 삶 속의 갑남을녀들에 대한 해학적 관찰, 중세적 고정 관념을 거리낌 없이 추락시키는 풍자, 고달픈 생활에 대한 해학 등이 주요 내용[34]을 이루기 때문일 것이다.

결국 자설의 사설화는 일종의 말걸기이고 이런 말걸기를 통해 담론을 형성해 나간다고 볼 수 있을 것이다. 평시조가 추상적, 자설적 말걸기라면 사설시조는 구체적, 타설적 말걸기이다. 나아가 이런 말걸기를 호명의 일종이라고 할 수 있다면, 당대 사설시조는 근대(성)의 주요한 징표라고 볼 수 있게 될 것이다. 그리하여 호명 행위가 "비가시적인 세계 속에 있던 대상을 시각장 안에 포섭하는 것"[35]이라고 본다면, 평시조에서는 이것이 관습적, 상투적인 의미밖에 지니지 못한 반면, 사설시조에 오면서부터는 호명된 주체가 적극적으로 자신의 의지를 드러내는 기능을 수행함[36]으로써 비로소 텍스트에 근대적 맹아를 부여하게 되는 것이다.

더불어 이러한 말걸기에 가장 필요한 조건이 바로 "강력한 매력을 가진 언술 다발들, 즉 '담론'으로 부를 수 있는 분산된 진술과 문장들의 집합"[37]이라고 보면 당대 사설시조는 이러한 요건들을 가장 충족한 장르라고 할 수 있을 것이다. 따라서 18~19세기 전문 가객의 출현으로 활성화된 사설시조는 양반의 배타적 장르였던 시조에 시정市井의 사소한 얘기를 섞어 본격적으로 평민 정서를 표출한 "문예적 반란"[38]이라고 할 수 있을 것이며, 이것을 이 글에서는 근대(성)의 맹아라고 부르고 싶은 것이다.

5. 나오며

그간 이루어졌던 사설시조의 근대성에 관한 연구들에서 주목한 요소는 주로 '의식의 각성', '담당층의 성격' 그리고 '물질세계에 대한 관심' 등이었다. 그런데 사실 이런 요소들 또한 서구의 보편적 근대를 언급하는 기준들과도 결코 무관하지는 않다. 물론 이러한 요소들에 대한 분석이 잘못된 결론을 도출했다는 것은 물론 아니며, 그것들 나름대로의 학적 의의는 충분히 존재한다.

단지 이 글에서는 이러한 요소들을 배제한다기보다는 그러한 토대 위에서 지금까지 보지 못했던 또 다른 요소들, 예를 들면 형식적 측면이거나 배경적 측면의 요소가 아닌 텍스트 자체 내부에 숨겨져 있던 본질적인 요소들을 찾아 그것으로 근대의 한 양상을 포착하고자 했던 것이다. '서정의 중층'이라든가 '자설의 사설 담론화론' 등이 바로 그것이다.

서정의 중층 양상은 '말하기-걸기'의 구조로 설명할 수 있다. 먼저 '말하기'는 '자설'과 관련된다. '말걸기'는 '타설'과 관련된다. '말하기'가 나에게서 내면으로 혹은 작은 사회로의 지향이었다면, '말걸기'는 나에게서 외면으로 혹은 좀 더 큰 사회를 향한 발화 방식을 의미한다. 추상적 서정과 구체적 서정의 중층을 볼 수 있는 것이다.

이러한 중층의 서정은 우리 시가에서 그리 낯설지 않다. 두 개의 문자로 두 개의 문학 행위를 구가했기 때문일 수도 있다. 그러나 그보다는 확연히 구분된 '공감의 공간'으로 인해 중층이 되었을 가능성이 높다. 고려의 '가'가 활발히 유행하던 시기에서도 역시 서정의 중층적 경향을 살필 수도 있다. 다만 그것과 사설시조와의 차이는 그런 서정이 공감장을 거쳐 담론장으로 확대될 수 있었느냐의 여부일 것이다.

자설의 사설 담론화란 한 마디로 '말하기-걸기'의 구조를 통해, 그리고 서정의 중층적 양상을 통해 지향했던 일종의 문학 행위를 의미한다. 앞서 말한 바 있지만 이는 기존 자·타설 논리를 변개하여 사설시조의 근대성을 도출하기 위한 일종의 매개였다. 그리하여 '말하기'는 '자설'과 관련되며, '말걸기'는 '타설'과 관련된다는 사실을 밝혔다. 즉, '말하기'가 나에게서 내면으로 혹은 작은 사회로의 지향이었다면, '말걸기'는 나에게서 외면으로 혹은 좀 더 큰 사회를 향한 발화 방식을 의미한다는 것이다.

이 글은 하나의 시론에 불과한 까닭에 그 근거의 제시나 논의의 연결이 아직은 성글다. 보다 분명한 논의를 위해서는 사설시조의 담당층 문제가 해결되어야 할 것이며, 사설시조의 연행 양상이나 그 유통 과정 또한 보다 상세히 본 논의에 포함시켜야 할 것으로 생각된다. 이에 관해서는 후고를 기약한다.

| 주 |

조선 후기 종교가사와 공감장

1 이 이론은 현재 전남대학교 감성인문학연구단에서 새로운 근대 찾기의 한 방식으로 시도되고 있는 이론이다. 대안 근대론의 한 방식으로 감성적 근대를 설정하고, 이를 증명하기 위한 실천적 이론이라고 할 수 있다. 이에 관한 개략적인 설명은 2장에서 다룬다. 이 글에서 말하는 감성적 근대란 그간 (서구적) 근대라는 이름 아래 숨겨져 있었거나 혹은 숨겨야 했던 '사람들'을 명백하게 주체로 내세우고자 하는 움직임 중의 하나라고 할 수 있다.

2 김종진, 「19세기 불교가사의 작가 복원과 그 문화사적 함의」, 『국제어문』 35, 국제어문학회, 2005, 38쪽.

3 이상의 진술에서 기호에 의해 직접 인용한 부분은 전남대학교 감성인문학연구단 지음, 『공감장이란 무엇인가–감성인문학 서론』(도서출판 길, 2017), 12~15쪽에 의한다.

4 황태연, 『감정과 공감의 해석학』 1, 청계, 2014, 87쪽.

5 전남대학교 감성인문학연구단 지음, 앞의 책, 13~15쪽.

6 하버마스식 공론장의 약점은 '계층의 구분'에 있다고 보인다. 그 이론 자체도 엄밀히 보아 부르주아 공론장이 아니던가. 즉 공론장은 정당하다고 '여기게 하는' 권력의 창출과 그것을 기반으로 하여 기득권 유지를 위해 특정 영역의 개인 및 집단들이 행하는 의사소통적 정치론이라고 말할 수 있는 것 아닌가. 역설적이지만 이런 약점은 오히려 공론장의 구별에 있어서는 매우 유용한 도구가 되기도 한다.

7 전남대학교 감성인문학연구단 지음, 같은 책, 89쪽.

8 전남대학교 감성인문학연구단 지음, 같은 책, 같은 쪽.

9 예를 들어 '나는 사람이다'.

10 예를 들어 '나도 사람이다'.

11 현재 전하고 있는 자료를 가지고 살펴본다면 선암사, 용문사, 수도사, 동화사, 해인사, 선운사, 불암사, 범어사 등이 불교가사를 판각하여 유통시킨 주요 사찰들이다. 선암사에서는 1695년 「귀산곡」, 「태평곡」, 「청학동가」를 판각하였으며 예천 용문사에서는 1704년에 「나옹화상셔왕가」, 「인과문」을 판각하였다. 수도사에서는 1741년에 「나옹화상셔왕가」, 「인과문」을 판각하였으며 동화사에서는 1764년에 「나옹화샹셔왕가라」, 「인과문」, 「회심가고」를 판각하였다. 묘향산 용문사에서는 1765년에 「나옹화샹셔왕가라」, 「회심가고」를 판각하였으며 해인사에서는 1776년에 「나옹화샹셔왕가라」, 「강월존자서왕가」, 「청허존자회심가」, 「인과문」, 「회심가고」를 판각하였다. 선운사에서는 1787년에 「나옹화샹셔왕가라」, 「인과문」, 「회심가고」를 판각하였으며 불암사에서는 1795년에 「수선곡」, 「전설인과고, 「권선곡」, 「참선곡」을 범어사에서는 1908년 「서왕가」, 「자책가」, 「권왕가」를 판각하였다. 이러한 판각활동은 불교가사의 대중성 확보에 크게 기여하였으며 불교가사를 노래하고, 읊고, 읽는 수용 층위의 확대 심화에도 많은 기여를 하였다. 그리하여 마침내 불교가사는 한국 대중불교 포교에서 중요한 한 방편으로 자리잡게 된다(임기중, 「불교가사와 한국가사문학」, 『불교학보』 37, 동국대학교 불교문화연구원, 2000, 2쪽.).

12 이상 불교가사의 전개 양상에 관한 진술은 이상보, 『한국불교가사전집』(도서출판 민속원, 1996), 17~37쪽 '불교가사의 역사'를 요약·정리한 것임.

13 이상보, 『한국불교가사전집』, 도서출판 민속원, 1996, 197쪽.

14 조태성, 「불교가사 〈참선곡〉에 대하여」, 『한국언어문학』 제47집, 한국언어문학회, 2001, 254쪽.

15 예를 들면 조선후기 백파선사와 추사 김정희와 선 논쟁, 같은 시기 초의선사의 교유시 등의 존재가 이런 상황을 말해준다고 하겠다.

16 조태성, 앞의 논문, 264쪽.

17 조동일, 『한국문학통사』 3, 지식산업사, 1998, 402쪽.

18 임기중, 『한국가사문학주해연구』 16, 아세아문화사, 2005. 이하 이 글에서 인용하는 천주가사 및 동학가사에 관한 작품의 원문은 모두 이 책에 의한다.

19 사실 이 작품이 천주가사의 효시로 알려져 있지만, 이와 관한 몇 가지 논란이 있는 것도 사실이다. 그러나 이 글에서는 이런 논란과는 상관없이 별개의 관점에서 작품을 다룬다는 점을 밝힌다.

20 여기에서 우리는 무심코 언급하는 '전근대적인 가치'들에 대해서도 다시금

숙고해야 할 필요가 있다. 예를 들어 '충'이나 '효'와 같은 가치가 과연 '지금, 여기'를 설명하는 일에는 전혀 소용이 없는, 그야말로 전근대적 가치들로 치부되는 마는 일이 정당할까? 촛불광장의 민심은 '나라를 생각하는 마음'이었고, 그로부터 촉발된 분노였다. 따라서 그런 마음을 충으로 인정하지 못하는 공감장은 그야말로 '공감적 상상'이자 '유토피아적 상상'에 머물 뿐이다.

21 조동일, 앞의 책 3, 420쪽.

22 조동일, 같은 책 4, 12쪽.

23 윤석산, 「동학 가사 〈검결劍訣〉 연구」, 『한국언어문화』 13권, 한국언어문화학회, 1995, 868쪽. 참조.

24 조동일, 같은 책 4, 15쪽.

25 송호근, 『시민의 탄생–조선의 근대와 공론장의 지각 변동』, 민음사, 2013, 116~117쪽.

26 송호근, 앞의 책, 85쪽.

27 한국민족문화대백과사전 〈개화당〉편 참조.

28 한국민족문화대백과사전 〈위정척사파〉편 참조.

29 최혜경, 「동학의 사회개혁사상과 동학농민혁명의 전개」, 『동학연구』 12집, 한국동학학회, 2002, 61쪽.

30 전남대학교 감성인문학연구단 지음, 같은 책, 79쪽.

연대의 노래, 공감장의 형성

1 전남대학교 감성인문학연구단, 『공감장이란 무엇인가–감성인문학 서론』, 도서출판 길, 2017, 11쪽.

2 노래란 일반적으로 '곡조를 붙여 부르는 소리나 말 또는 글'이라고 정의된다. 이런 소리나 말에는 대개 당대 사회의 관습이나 언어 등과 같은 사회문화적 요인이 반영될 수밖에 없기에 그런 측면에서 노래는 일종의 메시지가 될 수 있다고 판단된다.

3 공동체는 구체화된 공감장의 최소 단위라고 할 수 있다. 그런 측면에서 이 글에서는 공동체와 공감장이라는 용어가 문맥에 따라 일부 혼용될 수도 있음을 밝힌다.

4 박영신, 「사회이론에서의 '문화로의 전환'과 우리 학문」, 『사회이론』 봄/여름, 2005, 60~61쪽.

5 최동호, 「한국 현대 민중가요의 통계적 분석과 그 의미-1945년부터 2000년까지」, 『비평문학』 21, 한국비평문학회, 2005, 8쪽.

6 좀 더 미시적으로 보자면 어떤 공론公論이 만들어지는 공간이라고도 할 수 있다. 이에 대해서는 조태성, 「참요, 감성적 근대성의 한 징후」, 『호남문화연구』 제61집(전남대 호남학연구원, 2017), 72쪽에 자세하다.

7 조태성, 「참요, 감성적 근대성의 한 징후」, 『호남문화연구』 제61집, 전남대 호남학연구원, 2017, 72쪽.

8 조태성, 위의 논문, 73쪽. 참조.

9 공감장 내부의 투쟁은 공론의 장악을 위한 투쟁이 아니라 공론의 공고화를 위한 투쟁이다. 그래서 그런 투쟁의 방식으로 감성동원, 재현, 기억, 망각 등을 들 수도 있을 것이다.

10 조태성, 같은 논문, 83쪽. 참조

11 조태성, 「조선후기 종교가사와 공감장」, 『한국시가문화연구』 제40집, 한국시가문화학회, 2017, 276쪽.

12 위르겐 하버마스 지음, 한승완 옮김, 『공론장의 구조 변동』, 나남, 2001.

13 전남대학교 감성인문학연구단, 앞의 책, 15쪽.

14 조태성, 「참요, 감성적 근대성의 한 징후」, 『호남문화연구』 제61집, 전남대 호남학연구원, 2017, 73~74쪽.

15 김창남, 「민중가요의 대중음악사적 의의」, 『민족문화논총』 35집, 영남대 민족문화연구소, 2007, 58쪽.

16 이런 구체적인 이름들 자체가 '지배'와 '저항'이라는 이분법적 사고에서 나온 것이라고 할 수 있겠지만, 여기에서는 이들 모두를 어떤 공감장을 지칭하는 이름으로 사용하고자 한다.

17 조태성, 앞의 논문, 84쪽.

18 「식민지시대의 금지곡」, 고로케 블로그 (http://blog.naver.com/nollabzzi/90078187421) 참조.

19 김영주, 「한국 사회 노래 운동의 전개과정: 1980~1993 노래 운동 조직과 '민중가요'의 주제 변화를 중심으로」, 『사회와 역사』 44, 한국사회사학회, 1994, 203쪽.

20 황태연, 『감정과 공감의 해석학 1』, 청계출판사, 2014, 82쪽. 참조.

21 황태연, 위의 책, 86쪽.

22 황태연, 같은 책, 87쪽.

23 이 글에서 말하는 '대중적'이라 함은 우선 소극적 측면에서 하나의 공감장 안에서 하나의 공론을 위한 형성시키고자 하는 구성원 전체를 말하며, 적극적 측면에서는 그렇게 형성된 공론을 외부로 확대시키기 위해 투쟁하는 과정에서 '포섭'될 수 있는 일반인들까지 포괄하는 용어라고 할 수 있다.

24 김창남, 앞의 논문, 60쪽.

25 이 시대 '학생'은 특정 직업이나 세대를 지칭하는 명목적 범주가 아니라 사회적 실재로서의 '계급'으로 포섭된다.

26 이상 〈아침이슬〉에 대한 기술은 『한국민족문화대백과사전』의 내용을 요약한 것임.

27 이상 〈임을 위한 행진곡〉에 대한 기술은 『한국민족문화대백과사전』의 내용을 요약한 것임.

28 최유준, 「대중음악과 민중음악 사이」, 『대중서사연구』 20, 대중서사학회, 2008, 273쪽.

29 전국노동자협의회, 『전』 제6권, 2001. 참조.

30 이상 〈철의 노동자〉에 관한 기술은 「나무위키」 홈페이지 참조.

31 김영주, 앞의 논문, 198쪽.

32 김영주, 같은 논문, 같은 쪽.

33 조태성, 같은 논문, 91쪽.

사설시조의 모더니티

1 기 도이처 지음, 윤영삼 역, 『그곳은 소, 와인, 바다가 모두 빨갛다–언어로 보는 문화』, 21세기북스, 2011, 170쪽. 박상영, 「사설시조에 드러난 일상성 담론과 미학, 그리고 근대」, 『시조학논총』 제37집, 한국시조학회, 2012, 150쪽. 재인용.

2 조세형, 「사설시조의 중층성과 욕망의 언어」, 『한국고전여성문학연구』 7집, 한국고전여성문학회, 2003, 101쪽.

3 송호근, 『인민의 탄생』, 민음사, 2012, 257쪽.

4 송호근, 위의 책, 258쪽.

5 고미숙, 「사설시조의 역사적 성격과 그 계급적 기반 분석」, 『어문논집』 30, 안암어문학회, 1991, 43쪽.

6 이형대, 「사설시조의 '몸'에 대한 인식과 재현의 근대성」, 『예산학보』 34집, 애산학회, 2008, 64쪽.

7 川本皓嗣, 「일본 시가에서 전통과 근대의 상호관계」, 『한국학논집』 43집, 한양대학교 한국학연구소, 2008. 이형대, 앞의 논문, 71쪽 재인용.

8 이형대, 같은 논문, 70~71쪽.

9 고미숙, 앞의 논문, 64쪽에 자세하다.

10 고미숙, 같은 논문, 64쪽.

11 담당층과 향유층이라는 용어 사용에는 아직 규명되지 않은 몇 가지 문제가 있어 다른 기회에 다루고자 한다.

12 조해숙, 「사설시조의 담당층과 문학적 성격」, 『국문학연구』 제9호, 국문학회, 2003, 80쪽.

13 고미숙, 같은 논문, 47쪽.

14 박승희, 「사설시조에 나타난 욕망 구조와 근대의 의미」, 『한국문학이론과 비평』 제37집, 한국문학이론학회, 2007, 285~287쪽.

15 예술의 향유 측면에서 하층에서 상층으로 이동이 일반적인 현상이 될 수 있는지에 대해서는 좀 더 많은 고찰이 필요한 지점이기에, 이에 대한 비판은 잠시 접어두기로 한다.

16 박승희, 앞의 논문, 288쪽.

17 이형대, 같은 논문, 61쪽.

18 고미숙, 같은 논문, 52쪽.

19 고미숙, 같은 논문, 48쪽.

20 여기에서 말하는 심인尋人이란 인간이 인간임을 자각하는 것을 말한다. 불교에서 말하는 '심우尋牛'에서 착안한 용어이다.

21 장은주, 『유교적 근대성의 미래』, 한국학술정보, 2014, 141~142쪽.

22 장경렬, 「사설시조의 어제와 오늘」, 『2002 만해축전』, 만해사상실천선양회, 2002, 89쪽. 김학성, 『한국 시가의 담론과 미학』, 보고사, 2004, 161쪽. 재인용.

23 신은경, 「사설시조의 시학 연구」, 서강대학교 박사학위논문, 1988, 147쪽. 김학성, 위의 책, 같은 쪽 재인용.

24 이 글에서 인용하는 시조 작품은 모두 박을수 편저, 『한국시조대사전』(아세아문화사, 1991)에 의한다. 작품 말미의 괄호 안 숫자는 이 책에 실린 가번을 의미한다.

25 김학성, 같은 책, 165쪽.

26 평시조의 종장 첫 음보가 대개 의미를 갖지 않는 감탄사라는 점은 가창의 방식에서 기인한 것이다. 하지만 이를 텍스트로서만 원용한다면 그것은 또 시적 전환 장치, 이를테면 '말하기'의 극적 효과를 구축할 수 있는 장치이기도 하다는 것이다.

27 장시조 향유층의 기원이 사대부에 있고, 실제 사대부들의 장시조가 18세기 이전에 다수 창작되었다는 것은 주지의 사실이다. 이 글에서 말하는 '사설시조'는 그 이후 창작되고 향유되었던 작품들을 일컫는 말이기에, 장시조와 대비되는 개념이라 언급한 것이다.

28 조세형, 앞의 논문, 102쪽.

29 신은경, 『사설시조의 시학적 연구』, 개문사, 1992, 70~71쪽 참조.

30 조세형, 같은 논문, 103쪽.

31 박철희, 『한국시사연구』, 일조각, 1980.

32 김흥규, 「사설시조의 愛慾과 性的 모티브에 대한 재조명」, 『한국시가연구』 13집, 한국시가학회, 2003, 196쪽.

33 서원섭, 『시조문학연구』, 형설출판사, 1979, 285쪽.

34 류연석, 『시조와 가사의 해석』, 역락, 2006, 163쪽.

35 이광호, 「김춘수 시에 나타난 호명과 시선의 문제」, 『현대문학의 연구』 46, 한국문학연구학회, 2012, 517쪽.

36 박상영, 앞의 논문, 139쪽.

37 송호근, 같은 책, 257쪽.

38 송호근, 같은 책, 86쪽.

제2부

감정과 감성

울鬱과 한恨의 접점 혹은 변주

: 〈아리랑〉과 〈가시리〉를 중심으로

1. 감정과 복합감성

이 글의 목적은 텍스트에 내재된 '울鬱'과 '한恨'의 양상을 추적하여 당대인 혹은 당대사회의 감성 스펙트럼을 재현해보고, 이를 통해 감성시학의 가능성을 타진해 보는 것에 있다. 그런데 연구에 앞서 고민해야 할 문제는 '울'과 '한'의 개념과 관련하여 언급될 수밖에 없는 '슬픔'이나 '분노'와 같은 감정을 어떤 방식으로 여기에 접맥시켜 연구의 일관성을 유지할 것인가이다. '울'이나 '한' 그 자체만을 연구대상으로 삼다보면 슬픔과 분노를 논했던 기존 텍스트 연구의 성과와 별반 차이가 없는 연구 결과가 도출될 가능성이 높다고 판단하기 때문이다. 그런 까닭에 이 연구에서는 슬픔과 분노라는 감정과는 분명 다른 지점에 서 있을 것으로 판단되는 '울'과 '한'의 감정 양상을 텍스트를 통해 드러내보고, 그 감성적 의미를 추적해보고자 하는 것이다.

이를 위해 한 가지 시도해 볼만한 방식으로 2차적 복합감성으로서의 '울'과 '한'의 가능성을 타진해보는 것은 어떨까 한다. 슬픔이나 분노와 같은 부정적 감정이 밖으로 표출되거나 발현되어 정화되지 못하고 그것들이 막힌 채 또 다른 이차적인 어떤 부정적 감정 상태로 발현되어 버리는 현상 같은 것을 설명해보는 것이다. 이에 대해서는 구체적인 연구 과정을 통해 다시 이야기하기로 한다.

한편, 글쓰기나 부르기 행위 —시 혹은 노래— 자체에는 제작 당시 부르는 이의 감정[1]이 직접적으로 반영되어 있을 것이지만, 그 행위 자체로 이미 감정의 정화를 시작하고 있다는 사실을 간과하고 있는 경우가 있다. 반영된 감정 자체가 아니라 그 정화의 모습에 읽는 이나 듣는 이들 또한 카타르시스를 느끼기 때문이다. 일종의 전이인 것이다. 이런 점을 염두에 둔다면 이제 이런 텍스트를 분석한다는 것은 텍스트에 실린 감정의 분석이라기보다는 그것이 표출되는 혹은 정화되는 어떤 양상을 분석하는 일이어야 할 것이다. 본 연구들도 대체로 이러한 연구 방향 선상에서 이루어진다.

그리하여 일단 이 연구에서는 전근대 시기의 서정텍스트를 세부 연구 대상으로 삼을 것이다. 이 글에서 언급하는 서정텍스트란 문학으로서의 시가뿐만 아니라 노래로서의 민요, 잡가 등을 포괄하는 텍스트를 말한다. 또한 이 글에서 다루고자 하는 울과 한의 생성 조건을 '상실'과 '위협'으로 보고[2], 우선 현행 문학교육에서 일반적으로 다루고 있는 민요 〈아리랑〉과 고려가요 〈가시리〉를 주요 텍스트로 삼을 것이다. 이 글에서 다루고자 하는 텍스트의 정서를 가장 확정적으로 진술하고 있기 때문이다.

이에 더해 몇 개의 관련 시조 작품을 선별하여 이 또한 분석의 한 예시로 삼고자 한다. 이럴 경우 콘텍스트에 대한 문제가 제기될 수 있는데, '서정텍스트'라는 용어의 문제로 인해 텍스트의 시·공간적 배경을 확정할 수 없게 되기 때문이다. 이런 문제는 선정한 텍스트의 구체적인 산생 상황을 함께 언급함으로써 해결해 보고자 한다.

2. '울'과 '한'의 감성적 경계

감정은 기본적으로 개별적이지만, 그것의 발현 상황에서는 대개 복합적이다. 몇 가지 비슷한 감정들이 섞여 발현된다는 의미이다. 이를 감정들의 관계 맺기라고도 할 수 있다. 물론 이러한 관계 맺기는 감정 주체의 경험 축적의 정도 나아가 심미 경험의 축적 등을 기반으로 이루어지는 인식 작용의 결과들로 이루어진다.

이 글에서 말하고자 하는 '울'과 '한'의 경우도 마찬가지이다. 언뜻 보기에 이들은 개별 감정이지만, 복합 감정이라고 말해도 어색하지는 않다. 이 둘의 감정 또한 그것을 느끼는 주체의 인식 작용이 달리 나타나기 때문이다. 물론 이 두 개의 감정 사이에도 관계 맺기가 이루어질 수 있다. '접점' 혹은 '변주' 등 이 글에서 사용하는 용어가 이런 관계 맺기의 다른 이름이기도 하다.

일단 이 지점에서 먼저 이런 개별 감정들이 어떤 식으로 관계 맺기를 이루고 있는 지에 대해 구체적으로 살펴보고, 이어 이를 '울'과 '한'의 감정에 대입해 보도록 한다. 먼저 어떤 상황에 의해 A와 B라는 임의의 감정들이 발현되었다고 하자. 이러한 감정들은 상황에 따라 별개로 존재할 수도 있지만, 또한 그 상황에 따라 어떤 관계를 맺을 수도 있다. 즉, '그 상황에 따라' 이러한 임의의 감정들이 서로 관계 맺을 가능성을 내포하는 것은 그것을 인지할 수 있는 주체의 자각이 존재하기 때문이다.

예를 들어 A와 B의 감정은 서로 비슷할 수도, 정반대일 수도 있는 감정들이다. 만약 슬픔[哀, A]과 화남[怒, B]이 접점에 있다면 이 둘의 감정은 주체의 직간접적인 자각 아래 상호간의 관계 맺기를 끊임없이 추구한다. 이러한 관계 맺기는 개인의 경험 축적과 감수성, 혹은 이성에 의해 학습된 무의식적인 어떤 행위일 가능성도 있을 것이다. 그리고 그것은 상황과 조건에 따라 어느 한 쪽으로 무게 중심을 옮겨가게 된다. 한 쪽의 감정 색채가 더욱 짙어지는 동시에 다른 한 쪽의 색채는 옅어지는 현상이다. 그것이 바로 감성 발현의 스펙트럼 현상[3]이다.

이렇게 스펙트럼의 진행 방향이 짙어지는 쪽에 부정적 감정이 지배한다면 이는 주체의 정서 불안 현상을 야기할 수 있을 것이다. 이는 감성의 발현이 폭발적으로 일어날 가능성이 있음을 의미한다고 볼 수 있다. 즉, 슬픔과 화남의 관계 맺기에서 슬픔 쪽으로 스펙트럼이 이루어지면 그것은, 굳이 대입하자면, '한'이라는 정서에 가깝게 감정전이가 이루어질 수 있을 것이며, 반대의 경우라면 '울분'의 정서에 가깝게 전이될 수도 있을 것이다. 이런 진행 방향의 차이는 물론 개인의 감성적 성향에 의해 좌우된다.

긍정 감정 혹은 정서의 경우에도 마찬가지일 것이다. 즉, 감성의 발현 양상은 극단으로 치우칠 경우도 있겠으나 그럴 경우는 대개 한 순간이며, 이 순간 어느 한 감정을 배제하거나 극복해버림으로써 주체 및 집단의 마음 상태 나아가 사회와 역사의 균형을 추구할 수 있게 된다고 할 수 있다.[4] 이제 이런 현상을 '울'과 '한'의 경우에 한정하여 살펴보자.

'울'은 보통 '우울'이라는 감정상황으로 통칭되지만, 그 함의는 생각보다 간단치 않다. 한자어 자체로 쓰이는 경우 대개 '막히다'라는 뜻으로 사용되는데, 여기에서 '막힘'의 대상은 구체적 물상이 아닌 추상적 심상인 경우가 많다. 그래서 이 글자는 다른 의미의 글자와 함께 쓰이면서 그런 심상을 더욱 쌓이게 하거나 맺히게 하는 역할[5]을 담당한다.

애초의 뜻인 '나무가 빽빽하게 우거진 모양'이라는 의미로 사용되는 경우는 드물며, 뒤엉키거나 꼬이는 모양, 깊숙하고 어두운 모양, 또는 여기에서 비롯하는 원망이나 분노를 의미하거나 근심 혹은 시름겨워하는 모양, 쌓아두거나 온축하는 모양을 의미하는 경우에 주로 쓰인다. 울결鬱結은 그래서 가슴이 답답하게 막힌 모양 또는 울적하고 답답한 모양을 의미하며, 무언가 가슴에 엉켜 맺힌 상황이거나 그것들이 서리서리 얽힌 모양을 의미하는 단어가 되었다. 울굴鬱屈은 마음이 답답하고 의기가 꺾인 모양을 의미한다. 그밖에 울분鬱憤이나 울노鬱怒, 우울憂鬱 등의 단어가 주로 사용되고 있다.

이제 정서로서의 울 또는 우울로 돌아가 보자. "우울정서는 슬픔, 좌절감, 실망감, 침체감 등을 포함한 정동의 복합체로서 주요한 행복요소의 상실에 대한 정서적 반응이다. 이러한 우울정서에서는 일반적으로 생리적 기능수준이 저하되며 행동적으로 위축되고 소극적인 반응을 나타내게 된다. 반면 불안정서는 흥분감, 불안정감, 두려움, 공포 등을 포함한 정동의 복합체로서 주요한 행복요소의 위협에 대한 반응이다. (중략) 우울과 그것을 야기하는 불안은 기본정서[필자주 : 행복, 슬픔, 분노, 공포, 놀람, 혐오]보다 상위의 정서로서 6가지 기본정서의 조합에 의해서 나타난다고 주장된다. 우울은 슬픔이 주된 정서로서 분노와 혐오의 요소가 첨가되는 반면, 불안은 공포가 주된 정서로서 각성과 관심 및 고통의 요소가 부가적으로 포함된다."[6]고 한다.

요컨대 불안은 주로 행복한 상황에서의 위협에서 비롯한다고 할 수 있다. 그리고 이런 위협에 의한 불안이 현실화되면서 행복한 상황에 대한 상실을 겪게 되며, 이것이 우울의 정서를 야기하게 되는 것이다. 그런 까닭에 필자는 '상실'과 '위협'의 텍스트를 선별·분석하여 부정적 정서를 판별해보고, 그것이 '울'과 어떤 식으로 접맥되어 울의 텍스트로 상정될 수 있는지 그 가능성을 타진해 볼 수 있을 것으로 생각한다.

다음으로 '한'의 감성적 층위이다. '한'은 하나의 감성적 층위로만 설명하기 어려운 복합 정서라고 할 수 있다. 부정적 맥락에서 슬픔이나 분노를 말할 수도 있으며, 긍정적 맥락에서 카타르시스를 언급해도 무방하다. 그만큼 복잡하게 얽히고설킨 개념이라는 의미이다. 그래서 '한'은 언급하는 이마다, 언급하는 학문분야마다 제각각 다른 개념이 되기도 동일한 개념이 되기도 한다.

그 중에서도 이 연구와 관련하여서는 특히 신은경의 '한론恨論'을 주목할 필요가 있다. 신은경은 '한'의 미에서 '아픔[痛]'을 필수 요소 중 하나로 꼽는다. 그리하여 "'한'의 미에서 필수적 요소인 '痛'은 '흥'의 경우처럼 즉각적·직접적으로 그리고 적극적·능동적으로 '발산', '표출'하는 양상이 아니라, 간접적·소극적으로 내면화되어 수렴·응축되는 양상으로 나타난다. (중략) 한에 있어서의 감정의 진공상태 및 응고된 감정의 액화현상은 억압된 내용물에 대한 反作用의 양상을 띠므로, 분출·발산과 같은 外向化의 양상으로 이해되기보다는 오히려 '내향화'의 범주 내에서 이해되어야 하리라고 생각된다. (중략) 이 같은 '痛'의 체험이 일회적이지도, 일시적이지도 않다는 점에서 '한'의 본질적 특징을 찾을 수 있다. 만약 그것이 일회적인 체험으로 끝난다거나 장기적으로 지속되지 않는다면, '怨'이나 '傷心' '失望', 단순한 '비애감'의 성격을 띨 것이다."[7]라고 주장한다.

이렇게 보면 한은 어느 지점에서 울과의 경계를 이룬다. '지속성'이 그 단서가 될 수 있다. 신은경은 '통痛'의 지속성을 말하지만,

사실 그 '통'의 요인이 어디에 비롯하는가를 먼저 살핀다면 그 원인에 의해 울과 한의 접점 혹은 변주의 양상을 포착할 수도 있게 된다. 즉 정서 유발 원인의 지속가능성을 살펴봄으로써 그에 따른 발현 양상을 살펴볼 수 있을 것이라는 의미이다.

다시, 그렇다면 울이 행복한 상황의 상실에서 비롯하는 것이라고 할 때 한은 어디에서 비롯하는 것일까? 단지 어디에선가 비롯하는 '아픔[痛]'이라고 하기에는 '상실'과 격이 맞지 않다. 그 상실로부터 비롯하는 울이 발현되지 못하고 '지속적'으로 체념될 때, 그때의 정서적 양상을 한이라 말할 수도 있기 때문이다.

필자는 일단 울과 한의 차이가 그 발현 양상의 차이에서 오는 것이라고 생각한다. 정서의 발현은 대개 감정 상태의 마지막을 의미한다. 그런 점에서 울과 한은 일단 '막히고 쌓인다'는 점에서는 공통적이지만, 감정상태의 지속적 측면에서 울은 한보다 훨씬 짧다. 또한 어떤 '억눌림'을 공유하기는 하지만 울은 간혹 그런 상태에서 벗어나는 양상을 보이는 반면, 한에서는 그런 모습을 찾아보기 힘들다. 물론 훨씬 더 '복잡한' 억눌림으로 인해 파생된 울은 지속의 상태가 훨씬 오래감으로써 한의 한 요소가 되어버리기도 한다.

이런 이유들로 이 글에서는 울과 한이 정서적 대립쌍이 아닌 일종의 종속쌍이라고 말할 것이다. 즉 울이 한을 구성하는 한 요소가 될 수도 있다는 것이다. 물론 그 반대의 경우도 있겠지만, 대부분의 경우가 그렇다는 것이다.[8] 여기에서는 일단 이러한 울과 한의 정서를 각각 대표하는 하나의 텍스트만 구별하여 살펴보고, 자세한 논의는 다음 장으로 넘기기로 한다.

> 갓득의 먼 고향을 쟝마 지니 어이 ᄒᆞ리
> 묘연ᄒᆞ다 부모 동싱 소식 몰나 오쟉 헐가
> 지금의 싱부득 ᄉᆞ부득ᄒᆞ니 가샴 답답.[9] (125)

위는 이세보[10]의 『신도일록薪島日錄』에 전하는 작품으로, 울의 정서를 느낄 수 있는 노래이다. 작자는 현재 유배에 처해 있는 상황이다. 그래서 고향에 장마가 졌다는 소식을 듣고도 아무 것도 할 수 없는 답답함을 토로한다. 이런 답답함은 비단 고향 소식의 부지不知와 부모형제의 행방을 알 수 없는 데서 오는 것만은 아닐 것이다. 그보다 더한 답답함은 '싱부득生不得 ᄉᆞ부득死不得' 즉, 살 수도 죽을 수도 없는 형편에 처해 있어 자신의 힘으로는 아무 것도 할 수 없는 유배 상황 그 자체인 것이다.

물론 이 노래가 직접적으로 '행복한 상황에서의 상실'을 말하고 있는 것은 아니다. 그러나 작자는 이미 현실적으로 유배라는 상실 상황에 처해 있다. 그렇다고 고향마저 상실한 것은 아니지만, 오히려 상실할지도 모른다는 답답함, 유배에 처한 자신으로서는 도저히 어떻게 해 볼 수 없는 무력한 상황이 더욱 우울한 정서를 야기하게 한다는 것이다.

千萬里 머나 먼 길에 고은 님 여희옵고
내 ᄆᆞ음 둘 ᄃᆡ 업서 냇ᄀᆞ에 안자시니
져 물도 ᄂᆡ 안 ᄀᆞᆺᄒᆞ여 우러 밤길 녜놋다. (3897)

위는 왕방연[11]의 시조이다. 흔히 임금과 이별한 신하의 슬픔을 읊은 노래라고 평한다. 작자는 이제 살아서는 재회할 수 없음을 안다. 왕방연은 세조의 명으로 사약까지 진언한 세조의 충실한 신하, 그래서 단종과는 아무런 애착 관계도 없을 것 같은 사람이었다. 그런데 그런 그가 가슴 속 깊이 묻어 둔 사람이 또한 단종이었다는 사실이 이 작품을 통해 드러난다. 그래서 이 작품 전반에 흐르는 비애는 단순히 애달픈 슬픔에만 그치지 않는다. 흘러 결코 돌아오지 않은 '져 물'처럼 자신의 마음속에서도 다시는 재회할 수 없는, 그래서 그치지 않고 흘러 쌓이는 '한'이 된다는 것이다.

3. 접점 ;〈아리랑〉의 이중주

이 장에서 말하는 접점이란 울과 한이 겹쳐지는 지점의 노래, 즉 하나의 노래에서 울과 한의 양상을 동시적으로 해석할 수 있는 경우를 말한다. 두 개의 감정 혹은 정서가 서로 습합의 단계에서 어느 한 쪽으로 치우치지 않고 일정한 경계를 이루고 있는 양상이라고 할 수 있다. 다시 말해 받아들이는 수용자의 입장에 따라 '우울의 정서'가 될 수도 있고, '한의 정서'가 될 수도 있다는 것이다.

이런 양상은 민요 〈아리랑〉에서 보다 직접적으로 확인할 수 있다. 〈아리랑〉은 본래 노동요의 성격을 갖고 있었다고 한다. 그런 까닭에 집단적 성격의 노래일 수밖에 없었고, 이러한 집단성은 시대성과 사회성을 내포하는 그릇이 되었다. 따라서 불리는 지역마다의 차이가 있기는 하겠지만, 그 노랫말에는 개인으로서의 심사 및 생활사, 집단으로서의 민족사가 반영될 수 있는 개연성이 충분하였다고 보인다. 개인적인 넋두리를 포장한 울과 한의 해학적 표현이 노랫말의 대부분을 차지하기 때문이다.

우리는 〈아리랑〉의 외피에 우리들의 삶의 애환이 채색되어 있고, 그 내피에는 감정과 감정들의 공유에서 오는 집단적, 지역적, 민족적 정서가 깔려 있음을 노랫말을 통해 종종 확인하고는 한다. 이는 〈아리랑〉이 갖는 문화적 독자성을 부인할 수 없게 하는 근거가 되기도 한다. 따라서 〈아리랑〉은 민요가 노랫말을 통해 집단 동질성의 확인과 집단 갈등 극복의 매개로 활용될 수 있는 가능성을 열어둔 증거가 되기도 한다.

더불어 〈아리랑〉이 갖는 민족문화사적 의의는 매우 심오하다고 할 수 있다. 그런 까닭에 그에 관한 기원을 밝히고자 하는 노력들도 만만치 않다.[12] 기원설이 이처럼 분분한 것은 〈아리랑〉이 갖고 있는 수많은 메타포 때문이다. 이러한 메타포는 시기적 상황과 사회적 상황, 그리고 개인과 집단적 발현 환경 등 일치하기 쉽지 않은 여러 연유들을 모두 포괄시키려는 향유인들의 마음이 들어 있기 때문이 아닌가 한다. 여기에서는 우선 〈아리랑〉에 대한 기존 평가를 잠깐 살펴보기로 한다.

윤형덕은 민요 〈아리랑〉에 대해 "이별이요, 눈물이며 한숨이다. 아리랑은 가장 한국적이기에 가장 세계적인 노래다. 아리랑은 한없는 그리움이요 은근과 끈기이며 저항애수요, 이탈애수이며 한국적 정서의 원형질이며 사상의 근원이다. 아리랑은 한국적 애정이며 민족적 정한의 문학이요, 만남과 이별의 노래다."[13]고 평가한 바 있다. 다시 말하자면 '울'과 '한'의 정서를 모두 내포하고 있는 노래라는 것이다.

박민일[14] 또한 이런 〈아리랑〉에 대해 정신사적인 측면에서 그 가치를 재평가하고자 한다. 그리하여 〈아리랑〉을 전통사상, 시대정신, 지향정신과 유능제강柔能制剛의 역학을 함축한 노래하고 평한다. 그리고 〈아리랑〉은 해한解恨과 해원解怨의 미학을 담고 있다고 역설한다. 또한 아리랑의 정신사에는 다양다성多樣多性한 성격이 응축되어 있으며, 이러한 성격의 구심력으로 '눌림[압壓]과 닫힘[폐閉]에서 튕김[저抵]과 열림[개開]으로, 벌림[전展]과 울림[진振]으로 이어지면서 스스로가 카타르시스 하는 미학적 요소와 속성이 명확하게 간직되어 있다고 설명한다.

여기에서 해한과 해원의 방식은 '원怨+?'와 '삭임질'이다. 이는 적극성과 소극성이 동시에 들어나는 갈등 극복 방식이라고 볼 수 있다. 즉, 어떤 감정의 긍정적 정서로의 치환은 소극적이거나 적극적인 어떤 방식 한 가지로만 완성되는 것이 아니며, 두 방식의 조화를 추구하는 가운데 비로소 완성되는 것임을 짐작할 수 있게 한다.[15] 이런 방식의 순환적 조화가 바로 '울'과 '한'의 접점이 아닐까 한다.

〈아리랑〉을 불렀던 사람들은 삶의 애환에서 비롯할 수밖에 없었던 감정들을 노랫가락을 통해 응어리 짓고, 또 그 응어리를 삭이거나 풀면서 살아왔다. 그런 과정에서 그들에게 묶인 것은 오히려 갖은 설움과 압박들이었다. 그들은 그런 압박과 설움을 풀어내는 방식을 찾았던 것이고, 그것은 그들의 감성을 극대화하는 하나의 매개가 되었던 것이다.[16] 이는 〈아리랑〉이 결코 비애의 정조만을 가진 노래가 아니라는 점을 방증한다.

기존의 〈아리랑〉에 관한 해석이 하나의 정서적 차원에 치우친 측면이 있었다면, 이 노래에 몇 가지의 이질적인 정서가 복합적으로 융합되어 있다고 해석하는 경우도 있다. 그 중 대표적인 이가 김승희라고 할 수 있다. 다음 진술을 보자.

> 우울증의 아리랑은 신아리랑이 보여주듯 "나를 버리고 가시는 님은 / 십리도 못가서 발병난다"와 같은 '사랑/공격심리'라는 모순적 양면감정을 보이며 깊은 우울에 침잠하고 때로 죽음 충동을 보이며 모순어법, 역설, 반어 등을 활용한다.[17]

여기에서는 우선 〈아리랑〉의 한 면모를 우울증으로 파악하고 있다. 물론 '우울증의 아리랑'이라는 설명으로 〈아리랑〉의 정서적·정신적 면모를 모두 보여줄 수는 없는 노릇이다. 그런 까닭에 같은 논문에서 '애도'와 '열락'의 측면까지를 모두 아우르면서 〈아리랑〉의 면모를 살피고자 하였던 것이다. 즉, "아리랑을 한恨의 노래이자 님에 대한 양면감정으로 볼 때는 상실에 대한 태도 중 우울증의 국면을 더 초점화한 것이고 아리랑을 힘의 노래라고 볼 때는 상실에 대한 태도 중 애도의 초월적, 치유적 국면을 더 초점화하여 읽은 것이 되며, 아리랑을 여성 섹슈얼리티가 과감하게 드러나는 젠더 해체의 노래라고 볼 때는 이드의 명령을 따라 당대 상징 질서의 이전으로 가고자 하는 리비도적 열락의 노래가 된다."고 주장하는 것이다.[18] 이런 진술만 보더라도 〈아리랑〉이 가진 감성적 면모가 결코 단순하지 않다는 사실을 짐작해 볼 수 있다.

이렇듯 여러 논자들이 〈아리랑〉을 두고서 그 정서에 대한 다양한 해석을 내릴 수밖에 없었던 까닭은 다음 진술에서 찾아볼 수 있다.

> '비애감'이 '한'의 주조를 이루는 정감이라 해서 그것을 '미감'이라 할 수 없는 것은 이와 같은 심리요소들 중 '情感'이라고 하는 한 單面만을 포괄하기 때문이다. 悲哀感만이 아니라 '한'이 내포하는 怨·願·寃·忿의 정감도 마찬가지이다. 이들은 '한'이라고 하는 美感이 구조화되는 과정에서 야기되는 정서적 부산물 즉 '정감'의 심리요소라고 할 수 있다. 이에 비해 '한'은 제 심리요소들이 복합되어 있을 뿐만 아니라 그것들이 상호침투 하여 종합적 작용의 결과 형성되는 것이다. 그러므로 '한'은 단순히 다양한 정감들의 복합체이기만 한 것이 아니라, 슬픔의 원인, 해결가능성 등에 대한 '이해'와 '지각'을 포함하는 美感으로 이해되어야 하는 것이다.[19]

위의 인용문처럼 '한'의 한 정감으로서 비애감을 이해한다면, 이런 비애감은 또한 '울'의 한 정감으로 이해할 수도 있다. '울'의 정서 역시 '한'과 마찬가지로 슬픔과 분노 등 몇 가지 감성들의 복합적 발현태라고 볼 수 있기 때문이다. 여기에서 필자는 울과 한의 접점이 형성될 수 있다고 보았다. 따라서 '울'의 한 정감으로서 비애감을 이해하고, 이를 미감의 한 측면으로 받아들여야 한다. 즉, 〈아리랑〉에서 우리는 '한'의 정서를 읽어낼 수 있을 뿐만 아니라 '울'의 정서도 충분히 읽어낼 수 있다는 것이다. 그렇게 함으로써 〈아리랑〉이 가진 집단 정서적 층위를 더욱 다양하게 포착할 수 있게 되기 때문이다.

그러나 이러한 미감의 공통성에도 불구하고 〈아리랑〉에서 '울'보다 '한'의 정서가 더 주목받는 까닭은 그것이 집단의 정서를 반영하고 있다는 점 때문이다. 물론 집단의 정서를 이루는 개인의 감정들이 모두 동일할 수는 없다. 이때의 집단 정서는 개인의 감정들이 하나의 방향으로 체화되어버리는 과정에서, 즉 개인 정서를 모두 포괄할 수 있는 혹은 서로 묶이면서 또 하나의 정서로 습합되는 과정에서 이루어진다는 것이다.

상실 혹은 위협과 같은 부정적 상황에 처한 개인의 감정 역시 슬픔이나 분노 등 부정적 감정일 수밖에 없다. 그리고 이런 감정들의 발현 양상 또한 개인마다 다를 수밖에 없다. 이렇게 다른 감정들이지만—물론 부정적 감정인 것만은 확실하다—, 그것이 어느 한 텍스트에서 공유되는 특별한 상황에서라면 그들이 가진 감정

상황보다 더욱 거대한 감정 영역을 만들어가면서 서로 습합될 수 있다는 것이다. 그것이 바로 이 글에서 말하는 집단 정서이자 〈아리랑〉에서 읽을 수 있는 '울'과 '한'의 정서라는 것이다.

이제까지 〈아리랑〉을 대상으로 그 집단 정서적 차원에서 '울'과 '한'의 접점을 모색해보았다면, 다음은 개인 정서적 차원에서 이루어진 접점 양상을 살펴보기로 한다. 다음 시조를 보자.

> 春山의 불이 나니 못 다 픤 ᄭᅩᆺ 다 붓는다
> 져 뫼 져 불은 ᄭᅳᆯ 물이나 잇거니와
> 이 몸의 ᄂᆡ 업슨 불이 나니 ᄭᅳᆯ 물 업서 ᄒᆞ노라. (4207)

이 시조는 김덕령[20]이 지은 〈춘산곡春山曲〉이라는 작품이다. 임진왜란 도중 억울한 옥살이를 견디다 못해 지은 옥중시라고 알려져 있다. 설명 그대로 이 작품에는 김덕령의 억울한 심사가 가감 없이 드러나 있다. 그 표현 방식 또한 꽃과 불의 붉음을 적절히 대비하여 자신의 심사를 드러내고자 하면서 시가 갖는 미적 효과 또한 충분히 발휘되었다고 평가받는 작품[21]이다.

우선 초장에서 화자는 자신의 억울한 심사를 봄 산에 만개하는 붉은 꽃 같은 '불'로 비유한다. 일종의 '화'이며, 이런 화는 자신의 의지만으로는 도저히 풀 수 없는 상황으로 인해 온 산, 온 마음으로 번져만 간다. 중장에서 저 산의 불은 끌 물이나 있겠지만, 자신의 불은 끌 물조차 없다는 것이다. 그 분노가 '울'로 발현되어 사라지는 것이 아니라 오히려 '화'로 전이되어 발현되고 있는 양상이다. 그리고 그 화는 마침내 종장에 이르러 체념에 이르고 만다. '울+화'의 복합적이고 부정적인 정서가 '한'으로 체화된 채 죽음을 맞이했던 것이다.

비단 위의 〈춘산곡〉 뿐만 아니라 국가적 상황에서 개인적 희생이 강요되는 경우에 제작된, 특히 우국시나 절명시 같은 경우에도 울과 한의 정서가 절묘하게 접점을 이룬다고 볼 수 있다. 그러나 유배와 같은 개인의 특수한 상황에서 제작된 텍스트에는 '울'의 면모가 훨씬 강하게 드러나며 결국 그 해소 역시 '울'의 발화 지점, 예를 들어 역군은 같은 데서 갈망되는, 그리하여 스스로의 승화가 이루어지는 면모를 훨씬 더 자주 볼 수 있게 된다.

요컨대 〈아리랑〉에서 울과 한은 어떤 공통적 특질로 접점을 이루지만, 발현 과정에서의 차이로 말미암아 이중주가 되었다는 것이 이 장의 핵심이라고 할 수 있다. 다시 말하자면, 울과 한은 감정 발현의 원인과 그로 인한 복합 감정, 예를 들어 분노, 슬픔 등과 같은 감정들이 습합적 차원에서 접점을 이룬다는 점에서는 공통점을 갖지만, 그 발현 양상에 있어서는 시간성과 발현성 측면에서 차이가 있다는 것이다.

물론 울은 시간적 측면에서 결국은 한으로 전이되는 양상을 보이는 것이 일반적이기는 하다. 그렇더라도 〈아리랑〉에 내재된 집단 정서가 한에 그치지 않고 울의 양상을 드러내기도 한다는 사실을 놓치지 말아야 한다. 〈아리랑〉에 감정이입을 시키는 사람들은 그들의 감정 발현 상황에 따라 〈아리랑〉을 달리 노래할 수 있었기 때문이다. 이 점이 바로 한 집단에서 〈아리랑〉이라는 텍스트를 지속적으로 향유하게 하는 이유 중의 하나일 수도 있을 것이다.

4. 변주 ; 〈가시리〉, 우울인가 정한인가

이 장에서 말하는 변주란 울이 시간적 측면에서 한으로 이행되지 못하고, 오히려 발현적 측면에서 분노나 혐오, 원망 등으로 전이되는 양상을 의미한다. 즉, 한 노래를 두고서 '울'의 정서냐 '한'의 정서냐를 따지는 것이 아니라 '울'과 '한'의 접점에서 한쪽으로의 전이가 이루어졌느냐 그렇지 못했느냐를 살펴보자는 의미에서의 변주이다. 그렇게 함으로써 해당 텍스트에 내재된 정서 상황을 보다 분명하게 드러낼 수 있으며, 이로 인한 수용자들의 향유 영역 혹은 텍스트 비평의 영역을 보다 면밀하게 제시할 수 있을 것이라고 판단하기 때문이다.

따라서 여기에서의 변주란 텍스트에 내재된 이별의 슬픔이나 상실의 아픔 등에서 발현한 '울'이 정화되지 못하고 오히려 부정적인 감정으로 발현되는 양상을 의미한다. 물론 울이 반드시 한으로 이행되어야 하는 감정이라는 의미는 아니다. 내 힘으로 도저히 어찌할 수 없을 때 생겨나는 '울'의 정서는 특정한 사건을 계기로 어떤 식으로든 발현되는 양상을 보인다. 그러나 그 양상은,

적어도 텍스트 내에서는, 원망과 분노 등 대부분 부정적으로 나타난다.

> 淸江에 비 듯는 소릐 긔 무어시 우읍관디
> 滿山 紅綠이 휘드르며 웃는고야
> 두어라 春風이 몃 날이리 우을디로 우어라. (3984)

이 작품에서 표면적으로 인지되는 정서는 일단 긍정적인 것처럼 보인다. '웃음'이 작품의 전면에 배치되어 있기 때문이다. 적어도 초장과 중장에 이르기까지는 이런 감상과 해석에 이의가 없어 보인다. 그러나 종장에 이르면 같은 웃음이라고 할지라도 '몃 날이리', 즉 '며칠이나 남았겠느냐'라는 시구에 의해 그 웃음 자체가 이내 허무한 것이 되고 만다.

이 작품은 본래 봉림대군이 청나라에 볼모로 잡혀가는 과정에서의 '분한 심정'과 '설욕의 의지'를 담아 낸 것으로 알려져 있다. 작품의 초장과 중장은 자신이 청나라로 끌려가는 상황을 묘사한 내용으로, 그런 상황에서 조국을 배신한 간신 세력들이 자신을 비웃는 모습을 묘사하고 있는 것으로 볼 수 있다. 그러나 종장에서는 '춘풍春風'의 숙명을 들어 그 세력들이 오래 가지 못할 것임을 은유한다.

당시 봉림대군은 자신의 청나라행이 불가항력이었음을 잘 알고 있었다. 자신의 의지만으로 선택할 수 있는 문제가 아니었던 까닭에 그 모든 수모를 안고 받아들일 수밖에 없었던 것이다. 그리고 그는 훗날을 기약한다. 그런 기약이 있었기에 가슴에 응어리지는 수모와 비애를 감내할 수 있었을 것이다. 그리하여 필자는 이렇게 자신의 의지로는 제어할 수 없는 부정적 상황에서 내재적으로 발현될 수밖에 없는 정서를 '울'이라고 보는 것이다.

이 작품이 앞서 언급한 〈춘산곡〉과 다른 점이 있다면, 〈춘산곡〉의 경우 상실과 분노의 상황이 자신의 힘으로는 어찌할 수 없다는 '체념'에 의해 '한'으로 전이되었다는 점에 비해 이 작품의 경우 앞서와 같은 상실과 분노의 상황에서 개인적 '극복 의지'가 더해져 '한'으로 전이되지 않는다는 점에서 차이가 있다. 즉, 화자의 정서를 '울'에 머물게 하면서 또 다른 감정상황을 발현시킬 수도 있다는 것을 의미한다. 텍스트에서 읽어내는 표면적인 정서 상황뿐만 아니라 그런 상황에 대한 작자의 태도, 예를 들어 체념이나 극복의지 같은 것을 함께 읽어낼 수 있어야 비로소 텍스트가 함의하는 전체적인 감성을 풀어낼 수 있다는 것이다.

화자의 처지가 이전 작품들과는 확연히 다른 다음 작품도 살펴보자.

> 개를 여라믄이나 기르되 요 개 ᄀᆞᆺ치 얄믜오랴
> 뮈온 님 오며ᄂᆞᆫ ᄭᅩ리를 홰홰 치며 치ᄯᅱ락 나리ᄯᅱ락 반겨서 내닷고
> 고온 님 오며ᄂᆞᆫ 뒷 발을 바동 바동 므르락 나오락 캉캉 즛ᄂᆞᆫ 요
> 도리 암키 쉰 밥이 그릇 그릇 날진들 너 머길 줄이 이시랴. (179)

이 작품은 한 마디로 울화가 치미는 상황을 노래한다고 볼 수 있다. 표면적으로는 만남을 방해하는 것, 즉 여남은 마리의 개들 중 특히 암캐 한 마리에 대한 '원망' 혹은 '얄미움'을 담은 노래라고도 할 수 있다. 그런데 실은 이 화자가 가지고 있는 미움의 원 대상은 '오지 않는 님'이다. 기다려도 오지 않는 님, 처음에는 애틋한 마음으로 기다렸겠으나 시간이 가도 올 줄 모르는 님이 이제는 미운 것이다. 적어도 화자에게는 '고온 님'이 '뮈온 님'으로 바뀌었으면 하는 애잔한 마음과 함께 그런 마음을 몰라주고 짖고만 있는 개들이 얄미운 것이다.

종장은 그래서 일종의 복수, 소심한 대리복수이다. 울화통 터지는, 즉 울의 즉발성을 보여주는 대목이라고 할 수 있다. 지금 화자가 가지고 있는 얄미움에서 비롯한 분통은 지극히 개인적이다. 게다가 이런 분통은 자신만의 힘으로도 충분히 제어할 수 있는 정도에 그친다. 따라서 체념이나 극복의지 같은 거대한 감정 상황보다는 즉각적인 감정 대처가 가능한 상황인 것이다. 즉, '울' 혹은 '울분' 이상의 어떤 정서 상황으로 전이되는 현상은 일어나지 않는다.

덧붙이자면, 여기에서 이 미운 개는 묘하게도 '암캐'이다. 여성 화자의 입장에서 자신의 애욕을 방해하는 이들은 결국 같은 여성이라는 의미가 내포되었는지도 모를 일이다. 여남은 마리의 개들 중에서 유독 이 암캐만 그렇다는 상황 설정 자체가 이를 뒷받침한다. 어찌 보면 애욕을 둘러싼 자신과 주변인들과의 관계를 암시하는 노래가 될 수도 있다는 의미이다. 그래서 우리는 이 노래에서 단순히 개에 대한 원망만이 아닌 개로 비유되는 사람들에 대한 원망과 시샘, 나아가 질투까지 복합적으로 반영된 울화를 엿볼 수 있지 않을까 한다.[22]

마지막으로 고려가요 〈가시리〉를 살펴보기로 한다. 이 작품은 남녀 사이의 이별 정한情恨을 노래한 대표작으로 손꼽힌다. 그래서 이 노래를 평할 때면 대개 〈공무도하가〉에서부터 〈아리랑〉과 〈진달래꽃〉으로 연결되는 정서를 언급하기도 한다. 그런 과정에서 공통적으로 '정한'을 들어 우리의 전통적 정조라고 말하기도 한다. 물론 〈가시리〉가 이별의 정한을 감동적으로 노래하고 있기는 하지만, 과연 그것을 한의 정조 혹은 정서라고 말할 수 있겠는가에 대해서는 한 번쯤 되짚어볼 필요가 있어 보인다. 다음은 『악장가사樂章歌詞』 소재 〈가시리〉 전문이다.

> 가시리 가시리잇고 나는
> ᄇᆞ리고 가시리잇고 나는
> 　　위 증즐가 大平盛代
>
> 날러는 엇디 살라 ᄒᆞ고
> ᄇᆞ리고 가시리잇고 나는
> 　　위 증즐가 大平盛代
>
> 잡ᄉᆞ와 두어리마나는
> 선ᄒᆞ면 아니 올셰라
> 　　위 증즐가 大平盛代

셜온 님 보내ᄋᆞᆸ노니 나ᄂᆞᆫ
가시ᄂᆞᆫ ᄃᆞᆺ 도셔 오쇼셔 나ᄂᆞᆫ
위 증즐가 大平盛代

제1연은 ‘가시는 님’에 의한 이별 상황이 벌어진다. 화자로서는 어쨌든 타의에 의한 ‘상실’의 상황을 맞이하고 있는 것이다. 그래서 항변한다, ‘왜 버리고 가려느냐’라고. 그리고는 제2연에서 ‘혼자서 어찌 살겠느냐’며 버리고 가시는 님에게 ‘원망’을 토로한다. 제3연은 ‘잡으려 한들 있겠느냐’며 짐짓 허락의 태도를 보이기는 하지만, 그것은 오히려 영원한 상실에 대한 ‘염려’라고 할 수 있다. 어차피 화자의 힘만으로는 막을 수 없는 이별인 것이다. 제4연에서 ‘셜온’ 즉 ‘서러운’ 주체는 ‘님’이 아닌 화자 자신이다. 님이 서러워하면서 가는 것이 아니라 님이 가는 상황이 ‘서러운 것’이다. 이런 이유로 이 노래에서 ‘원망’의 정조가 더욱 두드러진다고 볼 수 있다.

이 작품에 드러나는 감정들의 원인과 발현 상황은 순차적으로 ‘상실→원망→염려→서러움’이다. 게다가 이런 과정에서 화자 스스로 보여주는 대처 방식 또한 분명하게 보이지 않는다. 즉, 체념 혹은 극복의지 같은 것도 보이지 않는다는 것이다. 제4연에서 그저 기다리겠노라는 의지가 약간 보이기는 하지만, 그것만으로 ‘한’ 또는 ‘정한’을 이야기할 수 없다는 것이다. 그렇다고 무조건 정한이 아니라고 말해야 한다는 의미는 아니다. 단지 이런 류의 노래들을 정한의 정조 나아가 민족적 정조라고 일반화시켜 버리는 그런 상황이 온당치는 않다는 의미이다.

결국 이 노래의 전반에서 발현되는 정서는 상실의 상황에 처한 채 그것을 해결할 수 없는 화자의 답답함과 울굴, 우울이라고 할 수 있다. 그리고 이러한 정서가 원망의 정조로 발현되는 것을 확인할 수 있었을 것이다. 그래서 단지 '정한情恨'이라는 용어로, 즉 정과 한이 동시에 얽혀있는 정조라고 읽어내기에는 그 발현 메커니즘이 구체적이거나 충분하지 않다고 보인다.

5. 나오며

이 글은 '울'과 '한'의 감성적 개념을 되짚어 보고, 이들 사이의 경계를 드러내어 감성시학의 한 가능성을 타진해보고자 하였다. 그리하여 먼저 이들 사이의 감성적 경계가 어느 지점에서 생겨나는지를 탐색하고자 하였으며, 그 지점을 '발현 양상의 차이'와 '발현 상황에 대한 대처'에서 찾고자 하였다. 그리고 그 차이에서 드러나는 울과 한의 접점과 변주의 양상을 텍스트 분석을 통해 살펴보고자 하였다.

앞서 살펴보았듯이 정서의 발현은 대개 감정 상태의 마지막을 의미한다. 그런 점에서 울과 한은 일단 '막히고 쌓인다'는 점에서는 공통적이지만, 감정상태의 지속적 측면에서 울은 한보다 훨씬 짧다. 또한 어떤 '억눌림'을 공유하기는 하지만 울은 간혹 그런 상태에서 벗어나는 양상을 보이는 반면, 한에서는 그런 모습을 찾아보기 힘들다. 물론 훨씬 더 '복잡한' 억눌림으로 인해 파생된 울은 지속의 상태가 훨씬 오래감으로써 한의 한 요소가 되어버리기도 한다. 따라서 이 글에서 접점과 변주라는 용어는 울과 한의 이런 특성을 반영하고자 하는 의도에서 사용되었다.

구체적으로 먼저 접점이란 울과 한이 겹쳐지는 지점의 노래, 즉 하나의 노래에서 울과 한의 양상을 동시적으로 해석할 수 있는 경우임을 살펴보았다. 두 개의 감정이 서로 습합의 단계에서 어느 한 쪽으로 치우치지 않고 일정한 경계를 이루고 있는 양상이라고 본 것이다. 〈아리랑〉에서 이런 현상을 보다 직접적으로 확인할 수 있었는데, 받아들이는 수용자의 입장에 따라 '우울의 정서'가 될 수도 있고, '한의 정서'가 될 수도 있다는 점을 분석하였다. 그런 점에서 〈아리랑〉은 이중주였다.

또한 변주란 울이 시간적 측면에서 한으로 이행되지 못하고, 오히려 발현적 측면에서 분노나 혐오, 원망 등으로 전이되는 양상을 의미한다고 보았다. 즉, 한 노래를 두고서 '울'의 정서냐 '한'의 정서냐를 따지는 것이 아니라 '울'과 '한'의 접점에서 한쪽으로의 전이가 이루어졌느냐 그렇지 못했느냐를 살펴보자는 의미에서의 변주였던 것이다. 그런 의미에서 〈가시리〉에서 발현되는 정서는 상실의 상황에 처한 채 그것을 해결할 수 없는 화자의 답답함과 울굴, 우울이라고 보았다. 실제로 이러한 정서가 텍스트 내에서 원망의 정조로 발현된다는 사실도 확인할 수 있었을 것이다.

사실 〈아리랑〉과 〈가시리〉 등을 비롯한 몇몇 텍스트만을 대상으로 '울'과 '한' 차이를 극명하게 보여줄 수는 없을 것이다. 또한 '울'과 '한'이 명확한 양상으로 드러나는 경우를 찾아보는 것도 그리 쉬운 일은 아닐 것이다. 그렇더라도 이 글이 추후 이들 정서에 대한 좀 더 정밀한 문학적·철학적 성찰의 비판적 매개가 되어 우리 고전 텍스트를 읽는 또 하나의 방식을 이끌어내는 계기가 되었으면 한다.

‘부끄러움[恥]’의 역설, 감성의 동역학

: 단종복위운동과 임병양란기 시조를 중심으로

1. 사회적 감성으로서의 수치

‘치恥’란 말 그대로 부끄러움 혹은 그런 마음이다. ‘수羞’ 또한 치恥와 큰 차이를 보이지는 않는다. 굳이 차이가 있다면 수羞는 ‘모욕을 당하는 마음’이라는 의미가 강한 반면 치恥는 ‘도道에 어긋남을 부끄러워하는 마음’이라는 의미가 더 강하다. 현재는 대부분 ‘수치羞恥’라고 혼용한다. 그래서 일반적으로 수치란 다른 사람들을 볼 낯이 없거나 스스로 떳떳하지 못한 상태라는 사전적 의미를 지닌다. 따라서 수치는 감정의 범주에서 보면 불쾌와 관련한 부정적 경향에 속하는 감정이라고 할 수 있다. 심리학의 관점에서 “무언가에 실패했거나 도덕적으로 잘못을 저지르고 나서, 이를 자신의 전반적, 안정적 결함에 초점을 맞추었을 때 느끼는 부정적인 정서”[1]라고 정의할 수 있는 것이다.

이런 수치심은 때때로 죄책감과 대비되기도 한다. 그러나 각 감정의 파장 측면에서 두 감정은 차이가 있다. 죄책감이 내적 양심의 가책을 원동력으로 하여 자기 수렴으로 그치고 만다면, 수치심은 대중 또는 사회에 대한 공감의 장을 촉발할 수도 있다는 점이 그것이다. 물론 수치심의 기저 또한 내적 양심의 가책에서 기인한다. 그러나 그 감정의 촉발이 개인의 사적 영역에서 그치지 않고 공적 영역으로 확대시킬 수 있다는 점에서 수치심은 보다 대사회적인 감정이라고 볼 수 있다. 따라서 이런 전제의 설정이 가능하다면 이 지점에서 바로 개인의 '부끄러움[恥]'이 대사회적인 '부끄러움[恥]'으로 전환 가능해지리라 본다.

물론 '부끄러움[恥]'의 촉발 요인은 매우 다양하며, 그 영역 또한 지극히 개인적인 것에서부터 국가적인 것에 이르기까지 광범위하다. 이 글이 주목하는 바는 이러한 양상의 '부끄러움[恥]'이 적어도 문학적 측면에서 어떤 방식으로 대사회적인 역동성을 획득하느냐를 살펴보는 것에 있다. 즉 어떤 방식으로 부정의 상황을 긍정의 상황으로 역전시키는 감성의 힘, 즉 감성의 역동성을 발휘하느냐는 것이다.

이러한 방식들을 살펴보기 위해 이 글에서는 우선 '부끄러움[恥]'을 기저로 제작된 시조 텍스트를 분석 대상으로 삼는다. 그리고 그 '부끄러움[恥]'의 배경은 '사회' 혹은 '국가'와 관련한 것들로 한정한다. 구체적으로는 조선 초 '단종복위운동端宗復位運動'과 조선 중기 '임·병 양란'으로 촉발된 시조들이 주요 분석 대상이 된다. 논의의 확장이 필요한 경우에 '경술국치庚戌國恥'와 관련한 기타 텍스트도 분석의 대상으로 삼을 것이다. 이를 통해 보통 부정적이라고 치부되는 '부끄러움[恥]'이라는 심리적 기제가 어떤 방식으로 혹은 어떤 양상으로 감성의 긍정적 역동화를 이끌어내는지를 살펴볼 것이다.

2. '부끄러움[恥]'의 긍정적 역동성

앞서 살폈듯이 '부끄러움[恥]'이라는 용어는 대개 수치羞恥라는 단어와 혼용된다. 이러한 수치 혹은 수치심은 거부되고, 조롱당하고, 노출되고, 다른 사람들로부터 존중받지 못한다는 고통 받는 정서를 가리키는 용어로서, 여기에는 당혹스러움, 굴욕감, 치욕, 불명예 등이 포함된다. 우리의 전통사회는 선비 문화, 즉 남들에게 내가 어떻게 보이는가에 대한 두려움이 규범적인 행동들을 하도록 만들었다. '염치', '명분', '낯짝' 등등이 그 중요한 핵심어휘들이다.[2]

그런데 이러한 수치가 단순히 개인적인 부끄러움에서 머물지 않고 사회와 연결될 때, 즉 공분共憤을 촉발하는 심리적 기제로 발전할 때 그것은, 변혁의—성공 여부와는 상관없이— 한 감성적 매개로 작동할 수 있다. 예를 들어 조선 초 단종복위운동은 세조반정世祖反正이 그 원인이 되었다. 이때 성삼문, 유응부 등은 대의大義가 무너지는 것을 치욕으로 여기고 이를 복원하기 위해 복위 거사를 모의했던 것이다. 이때 이들이 느낀 치욕, 그것은 수오지심羞惡之心과도 다르지 않다.

염치廉恥 또한 '부끄러움[恥]'과 관련하여 주목할 만한 마음행위이다. 염치란 체면을 차릴 줄 알며 부끄러움을 아는 마음이다. 즉, 남에게 신세를 지거나 폐를 끼치거나 할 때 부끄럽고 미안한 마음을 가지는 상태를 말한다. 그럼에도 불구하고 대의를 위하여 무언가 하지 않을 수 없을 때, 우리는 '모몰염치冒沒廉恥'라는 용어를 사용한다. '염치없음을 무릅쓰고'서라도 무언가 행하려는 의지의 발로인 셈이다.

이 염치라는 용어는 본래 『관자』「목민편」에 나오는 사유四維[3]의 핵심 개념에 포함되어 있다. 이 사유 중 셋째가 염廉이고, 넷째가 치恥이다. 여기에서 먼저 '염廉'은 불폐악不蔽惡이라 하였으니, 이는 자신의 악을 감추지 않는 것이라고 설명할 수 있겠다. 그러나 이런 비관적 설명보다는 자신의 잘못이나 실수 등을 감추지 않는 것이라고 보는 것이 보다 낙천적인 해설이라고 본다. 단순한 개인의 잘못이나 실수가 거대악이 될 가능성은 낮으며, 그것들이 어떤 악의 덩어리로 진화할 가능성 또한 낮다고 여겨지기 때문이다. 그러므로 잘못이나 실수를 인정하고 바로 잡는 것이 곧 염의 의미라고 할 수 있겠다.

'치恥'는 불종왕不從枉이라고 하였다. 굽히는 것을 좇지 않는다는 의미이다. 이의 의미를 좀더 확대해 보면 결국 자신의 이익만을 추구하지 않는 일과도 상통할 것이다. 이러한 행위는 자신을 돌아보는 감정에서 생겨난다. 우리는 때로 무언가 불확정적인 것을 떠올리면서 자신도 모르게 얼굴이 붉어진다거나 계면쩍어하는 모습을 종종 경험한다. 이 순간이 바로 '치恥'가 발현되는 순간이라고 볼 수 있다. 이런 감정은 대개 그 불확정적인 것에 대한 원인이 자신에게 있음을 자각할 때 일어난다. 곧 성찰에 다름 아닌 것이다.

대다수의 사람들은 이런 염치를 차리는 것에 주저하지 않는다. 사소한 이들의 사소한 행위들인 만큼 크게 드러나 보이지도 않으며, 오히려 그런 순간 자신을 다잡는 기회로 삼는다. 그럼에도 우리는 종종 파렴치破廉恥를 목격한다. 파렴치란 염치를 깨뜨리는 일이니, 곧 부끄러움을 부끄러움으로 알지 못하는 뻔뻔스러운 행위를 가리키는 뜻이 되겠다.

『맹자』에는 '수오지심羞惡之心, 의지단야義之端也'라는 구절이 있다. 악한 것에 부끄러워하는 마음, 그것이 의義를 바로 잡는 시작이라는 의미이다. 개인의 인격을 무시당하거나 집단의 공공성을 훼손당하면 부끄러운 마음에 의분義憤이 생겨날 수 있다. 그러한 의분을 기반으로 그 상황에 저항하는 행위가 바로 절의節義가 되는 것이다.

『천자문』에는 '절의염퇴節義廉退 전패비휴顚沛匪虧'라는 문구도 있다. 염퇴廉退는 염결겸퇴廉潔謙退의 줄임말로서, 청렴하고 겸양함을 의미한다. 전패顚沛는 걸려 넘어지는 것을 말하고, 비휴匪虧는 말 그대로 훼손하지 말라는 뜻이다. 다시 말해서 이 구절은 사람의 절조와 정정당당한 행위, 청렴과 겸양의 훌륭한 덕행은 거꾸러질 때, 즉 좌절하게 될 때라도 훼손해서는 안 된다는 의미를 가지고 있다. 그래서 '절의염퇴 전패비휴'는 사람이라면 의를 행함에 있어 용기가 있어야 한다는 말에 다름 아닐 것이다.

그렇다고 보면 '부끄러움[恥]'에서 촉발된 절의는 결국 정의와 양심에 의해 추동되는 용기 있는 행위라고 할 수 있다. 역으로 이 과정에서 양심은 절의를 행하기 위한 마음 상태, 즉 감성 추동 인자라고도 볼 수 있을 것이다. 양심을 일종의 의식 상태로 파악할 수도 있다. 이럴 때 양심은 단지 좋은 마음만을 의미하는 것이 아니라 좋은 마음을 갖게 하는 것과 그렇지 않은 것을 구별하는 기준이 되기도 한다.

이때 정의는 개인의 가치인가 아니면 공공의 가치인가 하는 문제가 제기될 수도 있다. 하지만 문제는 그것이 개인의 양심에 따라 다른 판단을 내릴 수 있고, 어느 순간 그것들의 가치 충돌 혹은 상황 모순이 생길 수 있다는 점을 간과하지 말아야 할 것이다.

> 의는 말 그대로 도덕적으로 행해야 할 바를 의미할 뿐만 아니라 더 나아가서는 어떤 상황에서 마땅히 취해야 할 바를 가리킨다. 의의 개념은 대단히 중요한 도덕적인 힘의 원천이 되는 것이다."[4]

윗글에서 말하는 것처럼 '도덕적으로 행해야 할 바와 행해서는 안 되는 바'의 충돌, '마땅히 취해야 하나 또한 취할 수 없는' 상황의 모순이 양심에 의해 판단되는 정의가 안고 있는 본질적 문제이다. '치恥'의 원인으로서 어떤 범법자를 처벌하는 일은 마땅히 취해야 할 바이며 도덕적으로도 행해져야 하는 바일 수도 있다.

그러나 그것이 주체의 양심에 의해 판단되는 것이 아닌 공공의 가치에 의해 판단되어야 하는 상황에서 주체의 양심은 종종 무력화되기도 한다. 오히려 그 양심이 무력화되도록 스스로 제어해야 하는 것이 현실이다. 여말선초의 회고시懷古詩 등이 이런 사례가 되지 않을까 한다.

만약 정의가 한마디로 의義의 준수라고 한다면, 의의 발현을 위한 양심의 역할을 진지하게 고민해보아야 할 필요가 있다. 우리는 공공연히 무력화되는 양심을 목도하는 일이 그리 어렵지 않은 현실에 직면해 있다. 양심에 따른 어떤 결정조차도 내리기 힘든 지경에 살고 있는 것이다.

> 의로운 행위를 할 때, 우선 사람들은 해서는 안 될 일을 결정해야 한다. 사람들은 해서는 안 되는 종류의 일에 대해서는 부끄러움을 느껴야 한다. 그것이 바로 부끄러움의 감정이 의義의 단초인 이유이다. 오직 그럴 때에만 사람들은 행하기에 적절한 일이 무엇인지 하는 긍정적인 의미를 계발하여 발전시킬 수 있다. 이제 명확한 질서와 순서라는 개념이 여기서 타당성을 갖게 된다. 만약 사람들이 갈등이나 자원 한계로 인하여 하고 싶은 혹은 해야만 하는 것을 한꺼번에 할 수 없다면, 물고기보다는 곰 발바닥을 취하겠다는 맹자의 말에서 분명해지듯이, 자신이 무엇을 해야 할 것인지가 분명해짐에 틀림없다. 누구나 본성적으로 삶을 좋아하고 죽음을 싫어한다. 그러나 어쩔 수 없이 인仁을 보전하기 위해서 당연히 자신의 목숨을 희생시켜야 한다.
>
> 따라서 어떤 사람이 부끄러움의 감정을 가지고 있지 않다면, 그

> 는 동물과 특별히 다르지 않을 것이다. 사람은 부끄러움의 감정을 가지고 있을 때에만 도덕적 완성을 위해 나아갈 수 있다. 부끄러운 감정을 갖는다는 것은, 또한 자신의 행위를 다른 사람의 성취와 비교함으로써 자기 자신을 개선시키기 위한 하나의 자극이 되는 것이다.[5]

위 글에서는 의로운 행위를 하고자 할 때 먼저 해서는 안 될 일을 결정해야 한다고 하는데, 그것의 결정 기준은 무엇일까. 그것을 양심이라고 말할 수는 없을까. 해서는 안 되는 일에 부끄러움을 느낀다면 그것 또한 양심에 거리끼는 바가 있어 부끄러움을 느끼는 것과 다를 바 없다. 따라서 양심을 닦는 것은 마땅히 해야 할 일에 대한 부끄러움의 감정을 지우는 것이며, 그런 행위가 바로 주체의 도덕적 완성으로 가는 첩경이 되는 것이다.

> 『중용』에서는 의를 옳다는 의미에서 의宜라고 했다. 이것은 곧바로 우리가 지금도 많이 사용하고 있는 시의時宜라는 용어로 직결된다. 시의란 때에 맞는 것, 올바른 것, 마땅한 것을 말하는 것으로 시중時中이라고도 표현된다. 의를 지켜야 한다는 규범은 이미 정해져 있지만 이 규범을 어떤 상황에서든 천편일률적으로 적용시켜서는 안 된다. '그 상황의 가운데[시중時中]'에 맞게 적용해야 하는 것이다.[6]

생육신이나 사육신 등이 행한 일이 정의였는지 아니었는지는 개인의 양심에 따라 판단될 수 있는 문제이기도 하다. '마땅히 해야 할 바'에 대한 개인적 판단이 다를 수 있기 때문이다. 그러나 윗글을 참조하여 그 상황을 적용해 본다면, 그에 대한 판단의 기준점 하나를 추가할 수 있다. '시의時宜'가 바로 그것이다. 즉, 양심에 따른 정의로운 행동이라는 것이 그 상황에서 가장 적절한 적용 방식이었는지를 따져보아야 할 필요가 있다는 것이다. 결국 양심은 사적 영역의 측면에서만 보자면 그 자체로 정의로움일 수는 있지만, 정의로운 행위로까지 확대하기 위해서는 반드시 거쳐야 할 과정이 있음을 염두에 두어야 한다. 이런 과정이란 '공감장共感場'의 형성을 말하는 것이며, 이러한 형성의 과정이 주체의 감성 발현 과정과 다름없음은 물론이다. 이와 관련하여 경술국치庚戌國恥와 관련한 절명시絶命詩를 한 수 살펴보자.

일찍이 나라 위한 작은 공도 없었으니	曾無支厦半椽功
그저 인을 이룰 뿐 충정은 아니라네	只是成仁不是忠
이제 겨우 윤곡을 따르는데 그칠 뿐	止竟僅能追尹穀
부끄럽구나, 진동에 이르지 못하나니	當時愧不躡陳東

위의 시는 매천梅泉 황현黃玹(1855~1910)이 지은 〈절명시〉[7] 중 네 번째 수이다. 여기에서 화자는 먼저 나라를 위해 공을 세운 것이 없다고 자술한다. 그러면서 선비로서의 인仁 나아가 지조와 절개를 지키려 목숨을 놓을 뿐 진동陳東과 같이 충忠을 이루지 못하고 죽는 것에 대해 부끄러워하는[恥] 내용을 담고 있다.

그러나 사실 그의 '치恥'는 문면에 보이는 '진동의 충'에 있지 않다. 주지하다시피 국치國恥가 그 원인이다. 국치라는 시의時宜에 따라 그가 선택한 '마땅히 해야 할 바'가 바로 자결이었다. 매천이 망국의 상황에서 취한 자결이 소극적인 저항이었다고 아쉬움을 토로하는 경우도 있다. 하지만 이는 아쉬움이라는 수용자적 입장에서의 감상을 토로할 일이 아니라고 본다.

분노가 "정의감에 기반한 복수심 혹은 그릇된 현실을 바로잡으려는 욕구와 관련이 깊다."[8]면 매천에게 있어 그런 욕구의 충족은 자결로 이루어지는 것이었다. 앞서도 살폈지만 매천은 단순히 봉건적인 혹은 선비적인 충의 가치를 지키기 위해 죽은 것은 아니었다. 그것은 글을 아는 사람으로서, 즉 지식인으로서의 양심을 지키기 위한 죽음이었다.

"죽음이 문제의 해결책은 아니지만, '붓'만으로는 일제와의 대결에 너무도 무력했고, 앞으로도 역시 무력해지리라. 이것이 시인의 절망이었다. 이때 그는 총을 들고 나서기에는 이미 늙었고, 원래 총을 들 만한 소양도 없다. 이러한 입장에서 그는 옳은 길을 간 것이다."[9] 그런 까닭에 매천은 행동으로 관철할 만한 투쟁적인 체질과 사상을 지니지 못했던 인물로 평가되기도 하였다. 결국 그가 절명시를 남기며 죽음을 택한 이유는 선비적인 시인으로서의 한계 때문이었다고 해석되는 것이다.[10]

물론 이런 결과가 정의라는 대의를 꺾었다는 것은 아니다. 양심과 시의에 의해 발현된 정의는 꺾이는 법이 없어야 한다. 우리가 새삼 감성을 이야기하는 이유는 그것이 가진 삶의 어떤 추상적인 동경憧憬을 불러일으키는 힘 때문만이 아니다. 감성을 추동하게 하려는 주체의 의지가 인간으로서의 가장 긍정적 삶 그 자체의 동경에 있음을 알고 있기 때문이다. 본디 긍정성을 지향하는 감성은 쉽게 꺾일 수 있는 성격의 것이 아니다. 가끔 꺾이는 듯 보이는 감성적 현상들은 실은 꺾이어 멈춘 것이 아니라 멀리 돌아 나가는 과정에서 잠시 보이지 않는 것일 뿐이다. 따라서 감성의 긍정적, 도덕적 발현체로서의 정의 역시 꺾이는 법이 없어야 하는 것이다.

이 글에서 말하고자 하는 '부끄러움[恥]의 역설'은 감성의 이러한 긍정적, 도덕적 발현체로서의 시적詩的 기능을 의미한다. 흔히 부정적 감정이라고 일컬어져 왔던 수치가 오히려 정의를 촉발하는 기제가 될 수도 있다는 사실을 염두에 둔 용어인 것이다. 더불어 그렇게 촉발된 정의는 어떤 행동을 야기하고, 그러한 행동을 함께 하거나 혹은 지켜보면서 공감을 만들어내는 과정이 바로 이 글에서 말하고자 하는 '감성의 동역학'에 다름 아닌 것이다.

3. '드러난 치恥'와 공감의 형성, 사육신의 시조

조선시대에는 유교가 국가의 주요 이념으로 작동했다. 유교는 다른 어떤 이념보다 대의를 중시했기에 당시 조선의 양반들은 그것에 어긋나는 일 혹은 국가의 존망과 관련하여 자신의 의를 실현하지 못하거나 실현될 수 없을 경우 스스로 목숨을 끊는 일도 많았다. 물론 타의에 의해 죽임을 당하는 경우는 더 많았다. 단종복위운동과 임·병양란, 그리고 그와 관련된 텍스트들이 그 대표적인 사례라고 할 수 있다. 이 장에서는 먼저 단종복위운동과 관련하여 '부끄러움[恥]'의 역설 양상을 당시 제작된 시조를 통해 살펴보기로 한다.

조선왕조사에 있어 세조의 즉위와 이에 따른 단종의 폐위는 삼촌이 조카를 죽이고 왕위에 오르는 비극적 사건 중 하나이다. 당시 수양대군이 우의정 김종서를 시작으로 여러 중신들과 안평대군을 죽이면서 국가의 실권을 장악하며 시작된 왕위찬탈은 유교사상을 바탕으로 건국된 조선의 도덕성과 기강을 흔들어 놓은 사건이었다.[11] 그렇기에 왕위찬탈에 반발하는 생육신生六臣과 사육신死六臣이라 불리는 단종을 지지하던 중신들이 남긴 시조에는 자신들이 충정을 받쳐 지지하던 임금을 지키지 못했다는 것에 대한 통탄함과 치욕의 감정이 짙게 스며있다. 이와 관련하여 여기에서 먼저, 이들 중신은 지은 작품은 아니지만, 당시 단종의 폐위와 관련한 작품 한 수를 살펴보자.

> 千萬里 머나 먼 길에 고은 님 여희옵고
> 내 ᄆᆞ음 둘 ᄃᆡ 업서 냇ᄀᆞ에 안자시니
> 져 물도 ᄂᆡ 안 ᄀᆞᆺᄒᆞ여 우러 밤길 녜놋다 (3897)[12]

위의 시조는 왕방연王邦衍의 작으로, 그는 영월에 유배중인 단종에게 사약이 내려질 때 그 책임을 맡은 인물이다. 당시 세조의 신임을 받던 왕방연이기에 의금부도사로서의 임무를 저버릴 수는 없었다. 그럼에도 불구하고 단종의 처지에 비참함을 느끼며 돌아오는 길 어느 냇가에 앉아 읊은 작품으로 알려져 있다. 따라서 '단종'이라는 배경을 지우고 보면, 이 작품은 사랑하는 님과의 이별을 안타까워하는 마음을 표현한 애정시조로도 읽힐 수 있다.

그러나 그 이면의 사정은 간단치 않다. 왕방연은 세조가 단종을 폐위시키고 왕위를 찬탈한 다음 귀양 가 있는 단종에게 사약을 내리자 그 책임을 맡아 수행해야 하는 의금부도사였다. 그러나, 비록 자신이 모시고 있는 왕인 세조의 명령에 따를 수밖에 없었겠지만, 그 자신도 선비로서의 대의가 무엇인지는 잘 알고 있었을 것이다. 그런 까닭에 세조의 왕위찬탈에 저항할 용기는 부족했을지 몰라도 안에서부터 쌓이는 내면의 수치는 막을 수 없었다. 그 과정에서 영월행을 계기로 이와 같은 시조가 제작되었던 것이다. 따라서 자신의 신념을 지키기 못한 화자의 슬픔과 그에 따른 부끄러움, 혹은 수치스러움이 이 텍스트의 이면을 지배한다고 말할 수 있겠다.

> 房 안에 혓는 燭불 눌과 離別 ᄒᆞ엿관ᄃᆡ
> 것흐로 눈물 디고 속 타는 줄 모로ᄂᆞᆫ고
> 우리도 져 燭불 갓ᄒᆞ야 속 타는 줄 모로노라 (1659)

위는 사육신 중 한 명으로 박팽년, 성삼문과 함께 단종복위운동을 일으켰다가 잡혀 국문을 당하다 처형당한 이개李塏(1417~1456)의 작품이다. 투옥되던 상황에서 쓰인 시조로 알려져 있으며, 당시 세조의 왕위찬탈로 인해 자신이 섬기던 단종이 폐위당하고, 이를 막지 못하는 자신에 대한 통탄과 치욕의 마음을 촛불에 빗대어 표현하고 있는 작품이다.

촛불은 본래 어둠을 몰아내기 위해 사용되는 도구이다. 화자 또한 어둠을 몰아내기 위해 촛불을 켰을 것이다. 그런데 이 작품에서 몰아내고자 하는 어둠은 단순히 시간적 개념으로서의 밤의 어둠만을 의미하지는 않는다. 그것은 자신을 둘러싼 불의와 그것을 막지 못한 치욕으로서의 어둠이다. 그런 어둠을 몰아내고자 켜는 촛불이었건만 이 어둠은 도무지 물러나지 않는다. 나아가 그 어둠을 타개할 방법조차 모색할 수 없는 상황이 되어 버렸다. 내 자신이 촛불이 되었다 해도 이런 상황은 결코 해결되지 못하고 있는 것이다.

이런 상황은 종장에서 두드러지게 표현된다. 울분과 치욕의 감정이 극대화되는 양상을 살펴볼 수 있는 것이다. 초장과 중장에서 촛불을 보며 자신의 처지를 비관하고 수치의 감정을 곱씹었다면, 종장에서는 촛불과 자신을 동일시하며 그로 인해 품고 있던 울분과 수치의 감정을 극대화 시킨다. 이런 동일시가 바로 자신이 겪고 있는 비통함과 치욕을 달리 해결할 방도를 찾을 수 없다는 절망을 야기하며 감정의 극대화를 촉발하고 있는 것이다.

首陽山 ᄇᆞ라보며 夷齊를 恨ᄒᆞ노라
주려 주글진들 採薇도 ᄒᆞ는 것가
아모리 푸새엣 거신들 긔 뉘 싸히 낫더니 (2434)

이 몸이 주거 가셔 무어시 될고 ᄒᆞ니
蓬萊山 第一峰에 落落長松 되야이셔
白雪이 滿乾坤홀 제 獨也青青 ᄒᆞ리라 (3273)

위의 두 작품은 모두 성삼문成三問(1418~1456)의 작이다. 작자는 세종 때 학자이자 충신으로 사육신의 한 사람이다. 지조와 절개가 대단한 인물로, 조카를 내쫓은 세조를 '나으리'라 부르며 그가 준 녹을 먹지 않았다고 한다.

먼저 〈수양산 바라보며~〉는 은나라의 충신으로 상징되는 백이와 숙제에 비견하여 자신의 지조와 절개에 대해 노래하고 있다. 초장의 '수양산'은 우선 중국의 산으로 볼 수도 있다. 더불어 수양대군으로도 볼 수 있어 중의적인 표현이다. 백이와 숙제는 주나라가 은나라를 망하게 하자 수양산에 올라갔다. 그리고 그들은 주나라에서 나는 곡식을 먹지 않는다는 지조를 보여주면서 산나물만을 먹다가 죽은 충신으로 알려져 있다.

그러나 화자는 다른 관점에서 '이제'를 바라본다. 화자는 수양산을 중의적으로 세조 즉 '수양대군'으로 비유하면서, '이제'에게 굶어 죽을지언정 어찌 주나라에서 나는 산나물은 먹었느냐며 비판한다. 주나라에서 나는 산나물 또한 어찌 주나라 것이 아니겠

냐고 질책하고 있는 것이다. 자신들의 나라를 망하게 한 주나라 음식을 먹은 것 자체가 수치스런 일이라는 의미이다. 화자는 이 작품을 통해 그런 수치스러운 짓을 하지 않겠다는 의지를 내보이고 있는 것이다.

〈이 몸이 죽어 가서~〉에서는, 적어도 표면적으로는 더 이상 '수치'와 같은 감정을 느낄 수는 없다. 애초에 이 작품은 단종복위 운동 실패 이후 처형장에 끌려갈 때 지은 것으로 알려져 있다. 그런 까닭에 오히려 죽음을 앞둔 이의 초탈 혹은 무념의 어떤 경지만을 보는 듯하다. 그러나 작시의 배경을 염두에 두면, 이 작품에서는 당장 죽을지언정 자신의 절의만은 절대 꺾이지 않을 것임을 천명하는 화자의 모습을 상상할 수는 있다. 성삼문에게 있어 자신이 느낀 수치는 굴복을 넘어 죽음마저도 초월하게 하는 원동력이었다. 절의와 염치를 중요하게 여기는 사대부로서 그로 인해 촉발된 '부끄러움[恥]'이 자신의 내면에서 그치지 않고 불의에 항거할 수 있는 의義의 원천으로 작동하였기 때문이다.

> 간 밤에 부던 ᄇᆞ람 눈 셔리 치단 말가
> 落落長松이 다 기우러 가노ᄆᆡ라
> ᄒᆞ믈며 못 다 핀 곳치야 닐러 므슴 ᄒᆞ리오 (92)

이 작품 역시 사육신이었던 유응부兪應孚(?~1456)의 작이다. 세조의 왕위찬탈을 풍자하고 있으며, 그런 난리를 맞게 된 현실에 대해 한탄하며 체념하고 있음을 어렵지 않게 포착할 수 있다. 더불어 화자는 왕위찬탈도 모자라 갖은 횡포를 부리면서 조정의 중신들을 살해한데다 단종의 복위를 위해 움직이려던 젊은 인재들마저도 없애려 하는 수양대군 일파를 막아내지 못한 자책감에 시달리고 있는 듯하다.

사실 위에서 언급한 이른바 '사육신 시조'들을 두고 공통적으로 평가하는 가치가 바로 절의 혹은 충忠이다. 그러면서도 그러한 절의나 충의 정신이 어디에서부터 비롯하는 것인지에 대해서는 구체적으로 제시한 바가 드물다. 대개 그 이유로 유교의 이념만을 이야기하는 정도에 그치고 만다. 그렇다면 앞서 살폈듯이 이러한 가치들을 촉발하는 매개 중의 하나로 '부끄러움[恥]'을 들어보는 것은 어떤가.

'부끄러움[恥]'은 명백히 사적인 마음 행위로 치부되는 경향이 많긴 하지만, 위의 사례에서 보듯이 그것은 결국 대사회적이며, 대국가적인 것으로의 전환이 가능한 마음상태이자 행위임을 알 수 있다. 즉, '부끄러움[恥]'의 부정적 영역은 긍정적 영역으로 전환될 수 있는 것이며, 이때 '치恥'의 전제는 언제나 정의로운 것으로의 지향이어야 한다. 따라서 이때의 '부끄러움[恥]'은 드러내야 의미있는 행위가 된다. '드러난 치恥'야말로 집단의 공감을 이끌어 낼 수 있으며, 이러한 공감이 어떤 장場, 이른바 '공감장共感場'으로 형성될 때 그 사회적 효용성을 다할 수 있게 되기 때문이다.

4. '사무친 치恥'와 발분發憤의 촉발, 임·병 양란기 시조

조선이 겪은 대표적인 두 전쟁은 임진왜란과 병자호란이다. 그러나 이들의 양상엔 큰 차이가 있는데, 우선 결과적으로 임진왜란은 승리한 전쟁이고, 병자호란은 패배한 전쟁이었다. 그런 점에서 임진왜란은 전쟁의 상처를 물리적으로 치유하는 것이 최우선 과제였다. 반면 병자호란은 전쟁의 물리적 상처 뿐 아니라 패배 자체에 대한 심리적인 상처도 컸다. 그리고 이는 단순한 패배가 아니라 조선이 신봉하던 중화주의적 세계 질서가 파괴되고 소중화인 조선이 소위 오랑캐 국가인 청나라에 조공을 바치는 신하국으로 전락하게 된 것[13]이라고 할 수 있다.

이 지점에서 '부끄러움[恥]'이라는 심적 기제가 작동한다. 병자호란을 계기로 조선은 오랑캐의 신하가 되어 조공을 바치고, 나아가 왕자까지 인질로 잡히게 되었다. 기존까지의 대외적 자존심이 모두 해체되어 버렸던 것이다. 이런 상황으로 말미암아 사대부들에게 있어 '부끄러움[恥]'을 촉발하는 계기들이 모두 한 지점에 수렴되었다고 볼 수 있다. 그렇기에 임란의 경우 국가 내적 문제를 지적하고 시정을 요구하는 합리적인 의식이 작품들을 통해 나타난 것과는 달리 호란의 경우 이를 인정하지 못하고 적개심을 불태우는 모습이나 국가의 치욕에 대한 비감을 나타내는 작품들이 생성되기 시작한 것이다.

인조 14년(1636)에 청나라는 20만 대군을 보내 조선을 초토화시켰고, 인조는 마침내 삼전도에서 굴욕적인 항복을 하게 된다. 이 병자호란은 결국 조선의 두 왕자, 즉 소현세자와 봉림대군을 볼모로 삼아 청나라로 끌려가게 만들었다. 다음 작품을 보자.

> 靑石嶺 지나거냐 草河溝 어듸믜오
> 胡風도 츰도 출샤 구즌비는 무스 일고
> 뉘라셔 내 行色 그려내여 님 계신듸 드릴고 (4041)

이 작품은 병자호란 당시 봉림대군이 청석령을 지나면서 지었다고 알려진 작품이다. 이 노래의 핵심 어구는 '호풍'과 '구즌비'이다. '호풍'은 말 그대로 나라를 잃게 한 난리를 말함이요, '구즌비'는 그런 난리 끝에 처한 치욕과 분노의 감정을 상징하는 시구가 된다. 이런 모습은 작품의 종장에서 더 구체적으로 찾아볼 수 있다. 즉, 이 노래의 마지막에는 특이하게 수사 의문법이 구사되어 있음을 볼 수 있다. 이는 앞서의 작품에서 본 것처럼 '촛불로도 어둠을 몰아낼 방도를 찾지 못했던 것'처럼 '출구조차 찾을 수 없었던' 그의 치욕과 분노에 어떤 대상을 일부러 특정하지 않고 표현한 것이라 할 수 있다.

'출구조차 찾을 수 없었던' 그의 치욕과 분노는 훗날 조선의 정치를 뒤바꾸는 계기가 된다. 두 왕자가 조선으로 돌아온 뒤 청나라의 문물을 접하고 그들의 문물을 받아들여야 한다는 깨달음을 얻은 소현세자와는 달리 봉림대군은 조선에 들어와서도 당시에 느낀 모욕감과 분노를 잊지 못해 반청 사상을 그대로 고수하기에 이른다. 결국 '출구조차 찾을 수 없었던' 치욕에 대해 그 대상을 특정하지 않았던 것은 그 치욕이 결코 개인적인 것이 아니었음을 시사한다. 즉, 이 노래를 통해 치욕 혹은 모욕이 직접 세상을 바꾸는 것은 힘들지만 그럴 수 있는 심적 계기가 될 수 있는 가능성도 충분함을 알 수 있다. 그렇게 보면 '출구조차 찾을 수 없었던' 치욕은 그때 이미 출구를 찾았었는지도 모른다. 그래서 모진 인내가 가능했을 것이고, 받아들일 수 없는 현실 또한 받아들였을 지도 모르는 것이다.[14]

풍셜 석거 친 날에 뭇노라 北來 使者
小海 容顔이 언매나 치오신고
故國의 못 쥭는 孤臣이 눈물 계워 ᄒᆞ노라 (4425)

이 거사 어린 거사 잡말 마라스라
漆室의 悲歌를 뉘라서 슬퍼 하리
어듸서 濁酒 한 잔 얻어 이 실람 풀가 하노라 (3212)

병자호란의 결과 인조는 삼전도에서 굴욕적인 항복을 하게 되고, 아들인 소현세자와 봉림대군이 볼모로 잡혀 가는 치욕을 당한다. 이 시조에는 당시 이정환李廷煥(1613~1673)이 볼모로 잡혀가 있는 두 왕자를 걱정하면서 국치國恥를 당하고도 죽지 못한 자신의 처지를 한탄함으로써 병자호란으로 인한 자신의 수치와 비감을 드러낸다.

먼저 〈풍설 섞어친 날에~〉의 초장과 중장에서는 당시 청나라에 인질로 끌려간 소현세자와 봉림대군에 대한 안부를 묻고 있다. 풍설로 상징되는 추위는 사실 이런 염려의 마음을 확대하는 장치일 뿐이다.[15] 낯선 곳에서 고생하고 있을 두 왕자에 대한 염려의 마음, 그리고 그들을 지키지 못했던 불가항력은 그래서 작자를 더욱 수치스럽게 하고 만다. 이런 화자의 '부끄러움[恥]'은 개인적인 것에서 그치지 않고 당대의 상황과 맞물려 국가적인 '치恥', 이른바 국치國恥로, 그리고 비분강개로 확대될 수밖에 없었던 것이다.

〈이것아 어린 것아~〉의 초장에서는 '잡말'이라는 시어에서 그의 심정을 엿볼 수 있다. 화자는 국치를 당하고서 그밖에 무슨 더 할 말이 있겠으며, 그 어떤 말인들 치욕을 씻어낼 수 없음을 자탄한다. 그러면서 앞선 전쟁인 임진왜란에서 같은 치욕과 비분을 느꼈을 칠실[16]과 그의 〈우국가憂國歌〉를 호명한다. 더불어 그에 비견하는 자신의 치욕과 비분을 어찌 할 수 없어 탁주 한 잔에 풀어볼까 하지만, 그것 또한 '부끄러움[恥]'에서 벗어나는 길이 아님을 자신도 이미 자각하고 있음이다.

> 壁上에 걸린 칼이 보믜가 낫단 말가
> 功 업시 늙어 가니 俗節 업시 무지노라
> 어즙어 丙子 國恥를 씨서 볼가 ᄒᆞ노라 (1767)

이 작품은 병자호란에 대한 치욕과 울분을 노래하고 있다. 김진태金振泰[17]는 병자국치라는 국가적 치욕에 대해 국가의 한 구성원으로서 느끼는 수치와 울분을 직접적으로 작품을 통해 표현하고 있다.[18] 벽상에 걸어 둔 칼은 어느 순간 녹슬어 가고 있고, 자신 또한 국치에 대해 아무런 대응을 하지 못하고 속절없이 늙어만 가고 있음을 수치스러워 하며 한탄하고 있는 것이다. 그래도 화자는 칼을 매만지는 일만은 멈추지 않는다. 언제가 그 '부끄러움[恥]'을 깨끗이 씻을 날이 올 것이라는 희망에 다시금 결기를 다지고 있기 때문이다.

> 主辱臣死라ᄒᆞ니 내 몬져 죽어져서
> 魂歸古國ᄒᆞ미 나의 願이러니
> 어즈버 胡塵이 蔽日ᄒᆞ믈 ᄎᆞ마 어이 보리오 (3732)

이 시조는 홍익한洪翼漢(1586~1637)[19]의 작으로, 그는 병자호란 당시 최명길崔鳴吉 등의 화의론和議論을 극구 반대한 인물이다. 당시 두 아들과 사위가 적에게 죽임을 당하였고, 아내와 며느리도 적에게 붙들리자 바로 자결하였다고 한다. 이 때문에 그에게는 늙은 어머니와 딸 하나만이 살아남게 되었다. 결국 화의가 성립된 이후 그는 청나라에 끌려가 죽임을 당하게 된다. 이 작품에는 이러한 과정에서 지켜온 홍익한의 굳건한 지조와 결국에는 화의를 맺게 된 현실에 대한 '부끄러움[恥]'의 감정이 비교적 명확히 드러나 있다고 할 수 있다.

초장에 사용된 '주욕신사主辱臣死'라는 시어는 중국 춘추시대 8국의 역사를 기록한 『국어國語』의 「월어越語」와 『한비자韓非子』에서 유래한 성어이다. 먼저 「월어」에는 '남의 신하인 사람은 임금이 근심하면 해결하기 위해 힘쓰고 임금이 치욕을 당하면 목숨을 버리고 치욕을 씻어야 한다[爲人臣者 君憂臣勞 君辱臣死].'는 월나라의 충신 범려의 말이 전한다. 『한비자韓非子』에도 '군주가 치욕을 당하면 신하는 괴로워하니 상하가 서로 근심을 함께한 것이 오래되었다[主辱臣苦 上下相與同憂久矣].'라는 말이 나온다. 즉, 화자는 초장에서 임금이 욕을 당하면 신하는 죽음으로써 임금의 치욕을 씻을 것이라고 이야기하고 있는 것이다. 이는 인조가 겪은 삼전도에서의 치욕적인 항복에 대한 자신의 심정을 대변한다고 볼 수 있다.

이로 볼 때 화자에게 있어 병자년의 치욕적 사건은 죽어서라도 갚고 싶은 수치임을 능히 짐작할 수 있다. 더불어 그 사건에 대해 화자가 느끼는 '부끄러움[恥]'의 감정이 얼마나 사무쳤는지도 짐작해 볼 수 있게 한다. 이어지는 중장과 종장에서는 '죽어 혼이라도 고국에 돌아가는 것이 소원'이라거나 '오랑캐가 고국의 해를 가리는 것을 볼 수 없다'라고 말한다. 이는 죽어서라도 그 치욕을 씻어 내겠다는 화자의 의지라고 할 수 있다. 이를 통해 '사무친 치恥'가 '분憤'을 일으키고, 그것이 화자의 의지를 다시 결연하게 만드는 감성의 작동을 목도할 수 있는 것이다.

이와 비슷한 시기 공교롭게도 임진왜란을 대상으로 치욕을 갚고자 하는 내용의 작품도 찾아볼 수 있다. 다음 작품을 보자.

猿山을 발로 박챠 對馬島을 連陸ᄒᆞ고
長劒을 ᄲᅢ어 들며 康湖을 ᄯᅱ여 들어
丈夫의 百年 羞恥를 갑파 볼가 ᄒᆞ노라 (3125)

위는 숙종~영조 당시 무신인 민제장閔濟章(?~1729)이 1711년에 통신사를 따라 일본에 갈 때 지었다고 알려진 작품이다. 일설에 당시 대마도에서 풍랑을 만나 위태롭게 되었을 때 혼자 일행을 구출하여 무사히 다녀왔다고 한다. 작품 종장의 '백년 수치'는 이 작품의 배경이 임진왜란과 관련이 있음을 암시한다. 초·중장에서 일본을 지칭한 듯 보이는 '원산猿山'이나 일본의 내해를 지칭한 듯 보이는 '강호康湖' 등의 시어도 이를 암시한다. 결국 이 작품은 종장을 보면 알 수 있듯이 임진왜란 때 당했던 수치를 갚고 싶은 심정을 표현한 것이라고 할 수 있을 것이다.

'부끄러움[恥]'은 시공을 초월한다. 민제장의 위 작품은 임진왜란 이후 약 100여 년의 시간이 흐른 뒤에 지어졌다. 그 계기가 비록 대마도에서의 풍랑이었을지는 몰라도 한 국가의 무신으로서 지난 전쟁의 국치를 당연히 기억하고 있었던 것이다. 치유되지 않은 '부끄러움[恥]'은 여전히 진행 중이고, 그것이 대사회적인 특정 사건인 경우 그것은 '사무친 치恥'가 되기도 한다. 비록 '시의時宜'와는 상관없을지 몰라도 '부끄러움[恥]'의 기억은 역사 속에 특별한 공감의 장을 형성하기도 하는 것이다.

5. 나오며

'부끄러움[恥]'이라는 용어는 대개 수치羞恥라는 단어와 혼용된다. 이러한 수치 혹은 수치심은 거부되고, 조롱당하고, 노출되고, 다른 사람들로부터 존중받지 못한다는 고통 받는 정서를 가리키는 용어이다. '부끄러움[恥]'의 촉발 요인은 매우 다양하며, 그 영역 또한 지극히 개인적인 것에서부터 국가적인 것에 이르기까지 광범위하다. 이 글이 주목한 바는 이러한 양상의 '부끄러움[恥]'이 문학적 측면에서 어떤 방식으로 대사회적인 역동성을 획득하느냐는 것이었다. 즉 어떤 방식으로 부정의 상황을 긍정의 상황으로 역전시키는 감성의 힘, 즉 감성의 역동성을 발휘하느냐는 것이다.

이러한 방식들을 살펴보기 위해 이 글에서는 우선 '부끄러움[恥]'을 기저로 제작된 시조 텍스트를 분석 대상으로 삼았다. 그리고 그 '부끄러움[恥]'의 배경은 '사회' 혹은 '국가'와 관련한 것들로 한정하였다. 구체적으로는 조선 초 '단종복위운동端宗復位運動'과 조선 중기 '임·병 양란'으로 인해 촉발된 시조들이 주요 분석 대상이었다.

전자의 경우, 사육신이 남긴 시조를 통해 그들이 가진 '부끄러움[恥]'이 숨겨지지 않고 드러남으로써 공감을 형성해 갈 수 있는 여지를 확인할 수 있었다. 대개 '사육신 시조'들을 두고 공통적으로 내세우는 가치가 바로 절의 혹은 충임은 주지의 사실이다. 그러나 이러한 가치들을 촉발하는 매개가 무엇인지에 대해 설명하는 경우는 드물다. 이 글에서는 그 매개를 '부끄러움[恥]'으로 보았다.

후자의 경우엔 '사무친 치恥'와 그로 인해 촉발하는 '분憤'의 양상을 임·병양란기를 거치면서 제작된 시조를 통해 살펴보았다. 이를 통해 치욕 혹은 모욕이 직접 세상을 바꾸는 것은 힘들지만 그럴 수 있는 심적 계기가 될 수 있는 가능성도 충분함을 알 수 있었다. 홍익한의 시조가 대표적인 사례라고 할 수 있을 것이다.

결론적으로 '부끄러움[恥]'은 명백히 사적인 마음 행위로 치부되는 경향이 크긴 하지만, 앞의 사례에서 보듯이 그것은 결국 대사회적이며, 대국가적인 것으로의 전환이 가능한 마음상태이자 행위임을 알 수 있었다. 즉, '부끄러움[恥]'의 부정적 영역이 긍정적 영역으로 전환될 수 있는 것이며, 이때 '부끄러움[恥]'의 전제는 언제나 정의로운 것으로의 지향이어야 한다. 따라서 이 때의 '부끄러움[恥]'은 드러내야 의미 있는 행위가 된다. '드러난 치恥'야말로 집단의 공감을 이끌어 낼 수 있으며, 이러한 공감이 어떤 장場, 이른바 '공감장共感場'으로 형성될 때 그 사회적 효용성을 다할 수 있게 되기 때문이다.

한국애정시 전개 논의를 위한 몇 가지 전제와 양상

1. 전근대 시대, 사랑의 재현 양식

여타의 감정들과는 달리 사랑은 다분히 사회구조적 산물일 수 있다. 사랑이 개인의 감정이라는 차원을 넘어 사회적으로도 충분히 문제화되고 있는 감정이자 그와 관련된 행위 기제라고 보기 때문이다. 물론 이런 시각은 개별 감정을 바라보는 '감정적 근대성'과 관련하여 제기된 관점이기에 전근대의 감성 개념과 관련성이 없다고 말할 수도 있다.

그러나 이 글은 이처럼 사회적 감정이라고 회자되는 사랑을 이른바 '전근대'라는 시공간에 투사하여 한국 애정시의 전개 양상을 살펴보는 몇 가지 기준을 제시해보고자 한다. 왜냐하면 현재까지 우리 애정시를 살펴보는 명확한 관점이 미약하다고 판단하기 때문이다. 이런 문제는 애초 '애정시'에서의 '사랑'을 어떤 객관적 기준으로 정의하지 못했던 데서부터 비롯한다. 따라서 이 글은 '사랑'의 객관적 정의에서부터 비롯하여, 이런 정의를 토대로 우리 애정시의 전개 양상을 살펴볼 수 있는 몇 가지 관점을 제시하고자 한다. 물론 이런 과정에서 사랑의 당대성과 애정시에서의 타당성에 대해 논구하는 하는 일도 가능하리라 판단된다.

우선 이 연구의 대상이라고 할 수 있는 전근대라는 시공간은 당대 사회문화적 배경뿐만 아니라 그 안에서 산생했던 애정시가와 그것을 담은 장르를 말한다. 따라서 논의의 주요 텍스트 역시 우리 고시가 전 장르가 될 것이지만, 이 글에서는 한시를 제외한 우리말 시가로 한정하기로 한다.[1]

이제 전근대적 감성으로서의 '사랑'의 관념적·개념적 의미부터 살펴보자. 이때 필요한 주요 개념어는 '사思'와 '상사相思' 그리고 '애愛'이다. 이들 개념어가 시가의 내용을 담지하는 표제어로 사용되는 경우가 빈번하다고 보기 때문이다. 우선 '사思'는 사랑과 관련한 첫 번째 개념이었다고 할 수 있다. 즉 '사랑하다'의 첫 번째 의미는 '생각하다'였다는 것이다. 그러다가 '깊이 헤아리다'라는 의미의 '사량思量'이라는 단어를 사용하면서, 이후 여기에서 '사랑'의 어원을 찾기도 하였다.

다음으로 '상사相思'는 본래 '서로를 생각하다'에서 '서로를 깊이 헤아리다'로, 다시 '서로 사랑하다'로의 의미 변천 과정을 거쳤다고 보이는 단어이다. 주로 문학 텍스트에서 많이 쓰인 용어라고 할 수 있다. '애愛'는 처음부터 '사랑'이라는 의미로 쓰였지만, 적어도 조선 중기 이전까지는 그 쓰임이 활발하지 않았다. '애愛'는 조선 후기 이후부터 특히 개화기 무렵에, 이전의 의미보다는 좀 더 한정된 의미[2](이른바 근대적 의미)로 사용되기 시작했다고 보인다.[3]

이러한 개념을 염두에 두고 이 글은 사랑이라는 감정을 재현하는 양식 중의 하나로 전근대 시기의 애정시를 들어 분석해보기로 한다. 사랑이란 인간의 가장 기본적인 감정으로서 그것이 노래로 불릴 때는 남녀노소, 지위고하의 차이를 가리지 않았다고 생각할 수도 있지만, 실은 그러한 차이가 한국 애정시의 미묘한 층위를 구성해왔다고 판단하였기 때문이다. 이러한 층위의 변화는 당대의 사회·문화사적 변동과 시가 장르와의 관련성을 포착하는 일에도 주의를 기울이게 한다. 사실 이런 변화와 관련한 연구는 매우 드물다.

따라서 이 글에서는 우선 한국 애정시의 층위를 구분하기 위하여 몇 가지 감성적 전제와 그 변별적 기준을 제시할 것이다. 이를 토대로 사랑이라는 감정이 일정한 메커니즘을 거쳐 또 다른 형태의 한국적 정서로 자리매김하는 양상을 살펴보고자 한다. 이는 한국 애정시의 전개 양상을 살피는 몇 가지 국면이 되기도 한다. 더불어 이러한 메커니즘의 작동 과정에 이데올로기의 성쇠盛衰와 리듬 변천의 과정이 투영되었다는 사실을 밝히고자 한다. '사랑'을 노래하는 경우라도 그것이 '어떤 관념'에서 '어떤 그릇(장르)'에 담겼느냐에 따라 그 의미에 차이가 분명히 드러날 수 있다고 보기 때문이며, 그 차이가 바로 애정시의 전개 양상을 명확히 드러낼 수 있는 변별점이라고 판단하기 때문이다.

사실, 결과론적 입장에서만 보자면 15세기 이전까지 '사랑하다'를 노래한 시들은 대개 개인적 층위에서 '허무의 절감'으로 귀결된다. 그러다가 15~17세기에는 '연군의 정'으로 급변하며, 17세기 이후 개화기 이전까지는 '사랑의 쟁취' 혹은 '욕망으로서의 사랑'으로 변모되기도 한다. 마지막으로 개화기에 보이는 '사랑하다'는 개인적 층위에서 공동체적 층위로 그 의미가 확대되는 양상을 보인다.[4] 이른바 개화기 시조에 나타나는 '애국愛國'의 면모가 바로 그것이다. 이 모든 것들이 이데올로기의 강쇠와 사회·문화사적 변동에 의한 것임은 물론이다.[5]

2. 애정시 성립의 감성적 전제와 변별적 기준

2.1 애정시 성립의 감성적 전제

애정시라는 용어는 사실 근대 이후 번역에 의한 문학 풍토가 조성되면서부터 통용되기 시작했다고 할 수 있다. 전근대 시대 애정시를 지칭하는 용어는 주로 '염정艶情'이거나 '향렴체香奩體'였다. 물론 이들 용어는 한시의 경우에 해당한다. 고려의 우리말 노래들은 특히 '남녀상열지사男女相悅之詞'로 불렸다. 그러나 조선의 우리말 사랑 노래들에 대해서는 별다른 명칭을 찾아볼 수 없다. 따라서 근대 이후 들어온 애정시라는 특정 장르 개념과 기준을 가지고서 전근대 시기 우리의 사랑노래를 모두 분석하거나 평가하기는 힘들다. 사회문화적 배경과 이념적 기반, 즉 사랑에 대한 당대성이 모두 다르기 때문이다.

그렇더라도, 논의의 편의상 '사랑'의 개념에 대한 몇 가지 전제를 허용하는 범위 안에서, 이 글에서는 애정시라는 용어를 포괄적으로 사용하기로 한다. 그 첫 번째 전제는 정서적 요건들을 고려해야 한다는 것, 그리고 그것의 기반은 노래의 표면에 보이는 감정이 아닌 노래에 내포된 일차적 감정으로서의 사랑이라는 점을 인정해야 한다는 것이다. 이런 경우 개인적 층위에서 노래되었던 작품들로 논의를 한정할 수 있게 된다.

그리고 둘째는 애정시의 다양한 층위를 인정하는 가운데서도 이 글에서는 그 범위를 최대한 축소하겠다는 것이다. 다시 말하자면 특정 윤리倫理나 이데올로기와 같은 외부적 조건에 의해 관념화된 파생적 사랑은 배제해야 한다는 것이다. 종교적, 사회적, 국가적 층위에서 언급될 수 있는 사랑을 배제한다는 의미이니, 이런 경우 또한 개인적 층위에서의 사랑을 논의할 수밖에 없다.[6]

먼저 우선 전제해야 할 정서적 요건들에 대해 살펴보자. 인간의 감정 중 사랑[愛], 슬픔[悲], 화남[憤], 기쁨[喜] 등의 감정이 가장 기본적인 감정임에는 틀림없는 듯 보인다. 그러나 이들 감정들을 보다 자세히 살펴보면 사랑이라는 감정은 여타의 기본 감정들과 분명 변별점이 있어 보인다. 감정을 일으키는 '원인'과 그 감정이 발현되는 '결과'로서의 감정들로 구분해볼 수 있다는 것이다.

그런 측면에서 사랑은 일차적이면서도 복합적인 감정이라고 할 수 있다. 다른 감정들의 원인 감정으로 작용하는 경우가 많기 때문이다. 그리고 적어도 애정시를 논하는 자리에서라면 슬픔과 분노(혹은 화)는 이차적이며 단선적인 감정이라고 할 수 있다. 사랑은 슬픔 혹은 분노를 낳을 수 있지만, 반대의 경우는 찾아보기 힘들기 때문이다.[7]

이처럼 사랑은 언제나 그에 파생하는 긍·부정의 이차적 감정들을 수반한다. 그리고 애정시는 이러한 감정 양상을 매우 분명하게 보여준다. 우리 애정시의 주요 제재라고 할 수 있는, 그리고 주로 이별의 상황에서 발생하는 슬픔, 한, 그리움 등의 감정들이 바로 이런 사례에 해당한다. 물론 드물긴 하지만, 조선 전기에도 사랑에 대한 열정이나 환희와 같은 감정들을 보여주는 경우도 있다.

한 시기 그에 파생하는 이차적 감정의 긍·부정성을 양적으로 분류하면 대체로 당대의 시대상을 엿볼 수 있게 된다. 물론 그런 과정에서 이런 감정들의 시적 표현에 대한 외재적 발현 양상을 살펴보는 것도 중요하다. 그러나 이 글의 목적은 당대의 시대상을 살펴보거나 그 외재적 발현 양상을 천착하는데 있지 않다. 그보다는 그런 양상을 담아 보여주었던 당대의 장르들과 그것들 사이의 리듬 변천 혹은 노래의 방식 등을 드러냄으로써 애정시가 함의하는 당대 문화적 의미를 되짚어보는 것에 있는 것이다. 그리고 이런 과정을 통해 앞서 말한 몇 가지 전제들에 대한 타당성을 확보하고자 하는 것이다.

따라서 이 절에서 말하고자 했던 감성적 전제란 복합적 감정으로서의 '사랑'의 당대성을 구별함과 동시에 이를 토대로 한국 애정시를 분석해봄으로써 사회적 감정으로서의 사랑의 가능성을 타진해야 한다는 의미가 된다. 이런 전제를 토대로 이제 애정시의 층위를 변별하는 몇 가지 기준에 대해 살펴보고자 한다.

2.2 애정시 성립의 변별적 기준

애정시가 성립되기 위해서는 몇 가지 조건이 필요하다. 이는 애정시의 층위를 변별하는 기준이 될 수도 있다. 우선 애정시 성립의 기본 전제로 '사랑하니까 혹은 했으니까'라는 '마음+행위'가 노래에 내포되어야 한다는 점을 들 수 있다. 이를 기반으로 애정시의 층위는 좁게는 개인적, 넓게는 사회적 및 국가적으로 구분될 수 있다. 다시 말해 그 대상이 누구 혹은 무엇이냐에 따라 애정시의 층위가 다양하게 형성될 수 있다는 것이다. 즉 전통적으로, 그리고 기본적으로 애정시는 남녀 간의 사랑을 노래하는 것이며, 그와 더불어 가족 혹은 국가(전근대 시대에는 주로 군주)가 그 대상이 되거나, 어떤 경우 신神이 그 대상이 되는 경향도 존재한다는 사실을 의미한다.

그리하여 개인적 차원에서는 남녀 간의 연모시나 이별시 등이 이에 해당할 것이며, 조선 후기 이후 등장한 성애시도 이에 포함될 수 있을 것이다. 사회적 차원에서는 기녀의 시나 부모에 대한 사랑을 읊은 사모류思母類의 시가 이에 해당하며, 마지막으로 국가적 차원에서는 전근대 임금이 곧 국가이던 시대의 연군시戀君詩와 우국시憂國詩 그리고 근대 이후 본격적으로 등장한 애국시愛國詩가

이에 해당한다고 볼 수 있다.

이를 또 시가 장르와 연결시켜 보면, 개인적 차원에서의 연모시나 이별시는 거의 전 장르에 걸쳐 나타나고 있으며, 특히 고려가요와 시조에서 두드러진다. 그리고 국가적 차원에서의 연군시나 우국시는 시조와 가사를 중심으로 나타나고 있다. 사회적 차원에서의 사모류 시나 기녀의 시는 대부분 한시에서 나타나며, 시조에서도 종종 목격된다.

사랑을 재현하는데 있어 시(노래)만큼 효과적인 양식을 찾기도 드물 것이다. 그렇다면 여기에서 그러한 양식을 사용하는 주체는 누구인가를 밝히는 일도 애정시의 변별 기준을 구성하는 한 요소가 될 수 있다. 이런 물음은 우리 고시가의 리듬 변천 과정을 밝힘으로써 충분히 해결될 수 있다고 본다. 여기에서 리듬 변천이란 특정 장르에 사용된 리듬이 해체되어가는 동시에 새로운 리듬이 형성되며, 이러한 과정에 이데올로기의 성쇠 양상도 투영된다고 보는 일종의 시가사詩歌史 해석 방식을 말한다.

이러한 이데올로기의 성쇠 양상은 시가 장르의 주체와도 관련되어 있다. 시조를 예로 들어 장시조(사설시조)는 시조 리듬이 해체되는 절정기에 유행하여 이후 시대 새롭게 형성되는 리듬(잡가) 사이의 연계 역할을 수행했다고 볼 수도 있다. 이 과정에서 이들 리듬의 주체는 유교적 이념으로 무장한 상류층 문인들이 아닌 유교적 이념의 쇠퇴와 더불어 등장한 대중 문인들이었다는 것이다. 따라서 그들이 견지하는 '사랑'의 의미 또한 차이가 있을 수밖에 없었을 것이다.

그럼에도 불구하고 이들을 조망하는 당대의 시선은 언제나 '아름다운' 사랑, 이데올로기적인 사랑에서 크게 벗어나지 못했다. '개인적'으로 아름답고, '국가적'으로 아름다운 가치가 되어야 했다. 그래서 '남녀상열지사男女相悅之詞'는 이데올로기적 미의 개념으로 보자면 결코 아름다운 사랑이 될 수 없었던 것이다.

이런 현상은 애정시의 층위가 향유 계층과도 밀접한 연관이 있음을 보여주는 방증이라고 할 수 있다. 따라서 애정시 향유 계층에 대한 구분 여부도 이의 변별 기준에 부합될 수 있을 것이다. 개인적 차원에서 불렸던 사랑 노래는 대부분 우리말 노래이며, 그런 까닭에 그 향유 계층 역시 일반 민중들에게 좀 더 치중된다. 더불어 국가적 차원에서의 연군시나 우국시는 비록 시조와 가사가 우리말 노래이긴 하나 그 향유 계층이 지배층에 집중되어 있기에 그들의 사랑노래가 개인의 서정보다는 국가적 차원으로 귀속되는 것이 아닌가 한다.

시적 화자의 태도도 애정시의 층위를 판별하는 하나의 척도가 될 수 있다. 예를 들어 남성화자의 노래에서 사랑은 '거리두기' 혹은 '관조'와 같은 행위적 양상으로 나타난다면 여성화자의 경우엔 보다 직접적인 정서적 양상으로 나타난다는 것이다. 여기에서는 애정시의 정서에 관한 관심에 주목하기에 앞으로 살펴볼 텍스트는 주로 여성화자의 노래로 한정하기로 한다.

3. 복합감정으로서의 사랑과 애정시의 전개 양상

3.1 이별의 정한과 체념의 감성 메커니즘

한국 애정시의 한 특징을 보자면 언제나 비극(이별)의 해소를 지향한다는 것이다. 이러한 태도는 이별의 상황 그 자체를 긍정하는 시적 태도로 미루어 짐작할 수 있다.[8] 즉 다시 돌아올 님의 존재를 믿는다는 것이다. 그러나 현실적으로 이러한 비극이 해소되는 경우는 찾아보기 어렵다. 그러한 해소의 상황이 자신의 의지만으로는 결코 이루어질 수 없는 외부 조건에 대한 관념, 즉 개인적, 시대적, 사회적 상황을 반영할 수밖에 없기 때문이다. 결국 전근대 시대 애정시의 가장 큰 특징, 즉 이별의 시가 주류를 이룰 수밖에 없는 양상은 이런 외부적 조건을 배제하지 못한 데서 비롯되었을 가능성이 크다.

다음은 우리 최초의 서정시가라고 할 수 있는 〈공무도하가〉이다.

님아 저 물을 건너지 마오	公無渡河
님은 끝내 물을 건너네	公竟渡河
물에 빠져 죽으니	墮河而死
아 어찌할거나, 님아	當奈公何

이 작품이 '사랑'을 기반으로 한 이별의 정한情恨을 나타내는 최초의 노래라고 할 때, 이때부터 한국 애정시에서의 '정한'은 줄곧

한국문학의 전통적 정서의 하나로 자리 잡아 왔다고 할 수 있다. 그리고 이러한 정한을 표현하는 주요 매개물 역시 이때부터 물[河]이었다고 할 수 있다.

이 작품에서는 총 3행에서 물과 관련한 시어 '하河가' 발견되는데, 각각의 행에서 상징하는 의미는 모두 다르다. 우선 첫 행에 보이는 물은 '사랑' 그 자체를 상징한다. '건너지 말라'는 당부는 사랑을 깨트리는 행위에 대한 염려라고 해석할 수 있는 것이다. 둘째 행에서의 물은 '이별' 즉 사랑의 파탄을 상징한다. 첫 행에서의 물이 사랑에 대한 염려, 즉 추상적 사랑의 단면을 상징했다면 둘째 행에서의 물은 구체적 행위로 물화된 파탄한 사랑을 상징하고 있는 것이다.[9] 셋째 행에서 보이는 물은 실체 없는 사랑을 상징하며, 이는 곧 이어질 시적 화자의 체념 혹은 한을 이끌어내는 역할을 담당한다. 이렇게 발생한 시적 정서를 우리 시가문학에서는 '정한'이라고 이야기한다.

이를 정리해보자면, 한국 애정시의 큰 줄기 중 하나는 '사랑 : 추상적, 긍정적 마음 행위(사랑하니까 혹은 했으니까) → 이별 : 외부에서 비롯한 구체적 사건(상실의 상황) → 정한 : 부정적 마음 행위(체념의 구체화) 혹은 긍정적 마음 행위(체념의 여지화)'라는 방식으로 설명될 수 있다. 이후 이러한 전개 방식은 적어도 전근대 시기 우리말 노래에서 사랑과 관련한 체념을 노래하는 경우 거의 예외 없이 적용되는 것을 확인할 수 있다. 다음 사례를 보자.

- 고대가요 : 뉘와 함께 돌아갈까 ; 誰其與歸(〈黃鳥歌〉)
- 향가 : 아ᅀᆞ놀 엇디ᄒᆞ릿고 ; 빼앗긴들 어찌 하겠는가(〈處容歌〉)
- 고려가요 : 잡ᄉᆞ와니 내 엇디 ᄒᆞ리잇고
  ; 붙잡으니 어찌 하겠습니까(〈靑山別曲〉)
- 기타 : 조선 시대 시조 및 가사

위는 '체념의 구체화'를 보여주는 사례들이다. 체념은 사실 불가항력적인 상황에서 발생한다. 그리고 이런 체념의 발생은 일정한 메커니즘을 구성하기 마련이다. 이를 '감성 메커니즘'이라고 한다면, 체념 또한 감성적인 것들의 불이적不二的 또는 불이적不異的 상호작용이라고 볼 수 있다.

사랑과 슬픔은 별개의 감정이지만, 특정 상황에서는 일정한 메커니즘을 통해 결합된다. 그리고 그런 메커니즘은 또 다른 정서인 체념을 형성하게 하는데, 이때 부정적 결과물은 체념의 구체화를 통해 드러나며, 긍정적 결과물은 체념의 여지화를 통해 드러난다고 보는 것이 필자의 견해이다.

한국적인 감성이라고 여겨지는 것을 예로 들어 말하자면, 믿음과 배려를 통한 낙천적 기다림이 한恨의 정서로 승화되는 과정을 들 수도 있다. 이는 '체념의 여지화餘地化 혹은 여백화餘白化'라고도 할 수 있다. 항상 빈 곳을 남겨둠으로써 이어 채워질 수 있는 상황을 긍정적으로 대비하려는 시적 화자의 무의식적 심리 행위라고도 말할 수 있는 것이다.

서정시의 본질이 세계와의 조화로운 삶을 통해 자아의 동일성community을 획득하는 데 있다고 할 때, 그 서정적 자아가 시도하는 동일시의 노력은 이미 조화로운 삶을 살 때보다는 화해가 불가능한 세계에 대해 비극적인 인식을 하는 순간에 집중됨은 당연하다. 따라서 애정시가의 일반적 형태 또한 완성된 사랑 혹은 황홀한 사랑을 노래한 시보다는, 오히려 이별의 공포와 사랑의 덧없음을 노래하는 시에 있을 수밖에 없다. 이처럼 애정과 이별의 관계는 삶과 죽음의 관계에서만큼이나 절절하기 때문에 그 '상실의 정서'는 다양한 형태를 취하게 된다.[10] 그리하여 이별의 정한이 체념의 구체화에 그치지 않고 애달픈 기다림의 형태를 취하는, 즉 체념이 여지화된 작품들도 발생하기 마련인데, 이 역시 한국 애정시의 한 특징이기도 하다.[11]

- 고려가요 : 가시ᄂᆞᆫ ᄃᆞᆺ 도셔 오쇼셔 나ᄂᆞᆫ
  ; 가자마자 다시 오소서(〈가시리〉)
- 가사 : 녯 정이 잇거든 다시 보게 삼기소셔
  ; 옛 정이 있거든 다시 보게 만드소서(〈相思別曲〉)
- 조선시대 시조

위는 이별의 상황으로 인해 발생하는 체념이 기다림으로 승화되는 체념의 여지화 과정을 보여주는 일부 사례들이다. 체념이 애달픈 기다림으로 귀착된다는 것은 앞서 말한 체념의 감성 메커니즘이 작동하는 것이라고 할 수 있다. 비록 상실의 상황에서 감내

할 수밖에 없었던 체념이라고 할지라도 그 여지를 남겨둠으로써, 즉 기다림의 태도를 보여줌으로써 그것을 긍정적 가치로 승화시킬 수 있었다는 의미이다. 문학적으로 그것을 '애이불비愛而不悲'[12] 라고 불러도 좋을 것이다.

그러나 전근대 우리말 노래가 사랑의 이러한 면모만을 보여주는 것은 아니다. 고려시대의 경우 고려가요를 통해 한국 애정시에서 담고 있는 거의 모든 사랑의 면모를 보여주고 있다. 조선 후기에는 장시조(사설시조)를 통해 이전 시대에는 볼 수 없었던 과감한 사랑의 면모를 직접적으로 보여주는 경우도 드물지 않게 찾아볼 수 있다. 다음은 이런 사실을 알 수 있게 하는 고려가요 작품들에 대한 일별이다.

- 〈동동動動〉, 〈청산별곡靑山別曲〉, 〈서경별곡西京別曲〉, 〈가시리〉 : 이별의 정한
- 〈정석가鄭石歌〉 : 영원한 사랑
- 〈만전춘滿殿春〉 : 격정적 사랑
- 〈이상곡履霜曲〉 : 애절한 사랑
- 〈쌍화점雙花店〉 : 직접적 성애
- 〈정과정鄭瓜亭〉 : 임금에 대한 사랑
- 〈사모곡思母曲〉 : 부모에 대한 사랑

위로 보면 고려 후기에 특히 유행했던 고려가요에는 사랑을 주제로 한 작품들이 대부분이었으며, 더불어 사랑의 한 측면만을 노

래하는 것이 아닌 다양한 측면에서 노래했다는 사실을 알 수 있다. 일부이긴 하지만 개인적 차원을 넘어 사회적 혹은 국가적 차원의 사랑 노래가 함께 존재했다는 사실도 더불어 알 수 있다.

3.2 이데올로기의 성쇠와 리듬 투쟁

그런데 이런 사랑의 노래들이 대부분 사라지고 정한만을 나타내는 작품 혹은 그리움이나 기다림만을 단적으로 표현하는 작품들만 남아 다른 형식의 장르로 계승된 사실은 무엇으로 설명해야 할까? 고려가요의 서정시적 면모를 이어받은 조선의 시조는 왕조의 등장과 더불어 이러한 개인적 차원의 사랑의 면모를 모두 지워버리려 시도한다. 오직 연군시나 우국시만으로 사랑의 자리를 대신하려는 것이다.

이런 현상은 당연히 왕조의 진퇴와 더불어 이데올로기의 강제와도 관련되었을 것이다. 조선의 건국과 더불어 이의 주축 세력이었던 사대부들은 유교 이데올로기를 들어 왕권의 강화에 매진하게 된다. 그런 과정에서 예악의 정비가 이루어졌으며, 이때 고려의 가요들은 거의 '남녀상열지사'라는 이름으로 배척되었던 것이다.

물론 이러한 풍토 역시 조선 후기의 혼란한 사회현상들과 더불어 변모하기 시작한다. 문학에서는 장시조 및 판소리 등을 통해 기존에 보이지 않던 혹은 금기시 했던 내용들이 노래로 불리기 시작하였다. 더불어 기방에서도 여창가곡女唱歌曲[13]을 통해 이전 시대에는 보이지 않았던 사랑의 적극적 면모들이 노래로 불리기 시작하였다. 이때부터 한국 애정시에서는 좀처럼 찾아볼 수 없었던 사랑의 구체적 행위, 열정, 환희 등이 다시 전면에 보이기 시작했다고 할 수 있다.

여기에서 여창가곡에 주목해보자. 김진희는 여창가곡에 나타난 애정의 의미를 추적하면서 이를 '유사애정시적인 정서의 표현'이라고 주장한 바 있다. 이러한 여창가곡에 대해 '과장된 비애의 정조'라는 평은 남창가곡에 대한 평에서 한 걸음도 앞서 나가지 못하게 한다.[14] 이러한 평은 오히려 남창가곡에 나타난 유사애정시적인 정서에 다름 아니기 때문이다. 여창가곡은 오히려 남창가곡(혹은 유사애정시[15])이 견지하고자 했던 담론을 뛰어넘는 양상을 보인다.

더불어 김진희는 "시조가 만남의 기쁨이라는 유사애정시에서는 다루어지지 않는 새로운 정서를 다루었다는 점과, 그러한 맥락에서 기존의 소재를 새롭게 사용하고 있다"[16]는 점을 높게 평가한다. 이러한 평가가 주는 의미는 상당하다. 애정의 문제에 대해서 감상적 애상성을 넘어 또 다른 감정, 어쩌면 애써 무시하고자 했던 애초의 그 감정인 사랑을 보다 현실적이면서도 긍정적으로 다루려 했다는 점을 미루어 짐작해볼 수 있기 때문이다.

물론, 성급한 결론이기는 하지만, 여기에서 전근대 애정시에서의 사랑의 표현 층위가 '추상적 현실애정 → 유사애정 → 구체적 현실애정'의 과정으로 진행된다는 사실을 미루어 짐작해 볼 수도 있다. 그렇더라도 표면적으로 이들 전체 작품에서 보이는 사랑과 관련한 정서 혹은 감정이 슬픔이나 그리움 등에 치중되어 있다는 사실만은 변함이 없어 보인다. 구체적 현실애정, 예를 들어 '성애'를 노래한 경우라도 그 표면정서는 사랑에 대한 염원으로서 그리움이 그려진다는 것이다. 이처럼 당대의 사회문화적 상황과 맞물려 사랑의 표출 양상이 다름에도 불구하고 표면정서가 다르지 않은 까닭은 무엇으로 설명될 수 있을까?

조선 후기에 들어서서 굳이 여창가곡이 아니더라도 시조에 보이는 사랑이 물질화되거나 감각적 대상으로 비유 혹은 치환되는 경우 이때의 표면정서 또한 사랑에 대한 염원에서 비롯하는 몇 개의 감정들이었다. 이런 현상은 기녀들의 여창가곡 향유에 힘입은 바 크다. 그녀들은 "사랑의 환희와 열정이라는 관념적 대상을 시각적이고 촉각적인 물질적 대상으로 치환하여 표현해 놓았다. 이는 자연물의 意象을 통해 興의 기법을 주로 활용하는 유사애정시의 표현방법과는 전혀 다른, 물질적 상상력을 통한 과감한 비유의 방식이다. 전대의 유사애정시조가 思婦의 그리움이라는 추상적 정서를 전형적 意象 안에 고정시켜 두었다면 여창가곡은 사랑의 기쁨과 열정이라는, 그간 다루어지지 않던 새로운 정서를 물질적 상상력을 통해 구체화하였"[17]던 것이다. 물론 이러한 기쁨과 열정이 문면에서 적극적으로, 즉 표면정서로 드러나는 경우는 매우 드물다.

이런 현상은 그대로 민간에 통용되어 수많은 성애시조를 산생하게 하기도 하였다.[18] 더불어 사랑 그 자체를 노래하는 경우도 적지 않다. 다음 세 작품이 대표적인 사례라고 할 수 있다.

① 어제밤도 혼자 곱송그려 ᄉᆡ오좀 자고 지난 밤도 혼자 곱송그려
ᄉᆡ오 좀 잣네
어인 놈의 八字완ᄃᆡ 晝夜長常에 곱송그려 ᄉᆡ오좀만 잔다
오늘은 그리던 님 만나 발을 펴 ᄇᆞ리고 춘춘 휘감아 잘가 ᄒᆞ노라
(2784)

② ᄉᆞ랑을 낫낫치 모아 말로 되야 셤에 너허
크고 센 ᄆᆞᆯ 쎄 허리 추어 시러 노코
아희야 채 한 번 적여라 님의 집의 보내쟈 (1987)

③ 人間離別 萬事中에 獨守空房 더울 섧다
相思不見 이ᄂᆡ 眞情 졔 뉘라서 짐작하리
ᄆᆡ친 시름 허튼 근심 다 후루혀 더져두고
자나 깨나 깨나 자나 님 못 보와 가슴 답답
얼인 樣子 고은 소ᄅᆡ 눈에 암암 귀에 쟁쟁
보고지고 님의 얼골 듯고지고 님의 소ᄅᆡ
비나이다 하날님씌 님 생기라 비나이다
前生 次生 무슴 죄로 우리 두리 삼겨나셔
잇지 마자 처음 ᄆᆡᆼ세 죽지 마자 百年期約
千金같이 믿엇드니 세상일에 魔가 많다 (중략) 〈相思別曲〉

앞의 작품 ①에서 시적 화자는 님과의 '잠'을 예고한다. 물론 '예삿잠'은 아니며, '새우잠'과의 대비를 통해 그간의 외로움을 모두 떨쳐내고자 하는 강력한 의지를 보여준다. '찬찬 휘감는' 행위로 님과의 사랑에 대한 면모를 적극적으로 펼쳐 보이고 있는 것이다. 작품 ②의 경우에서는 사랑에 대한 적극성이 두드러지게 드러나지는 않는다. 그러나 추상적 마음 행위인 사랑을 구체적으로 물화物化시킴으로써 사랑으로 인한 열정을 보다 직설적으로 보여주는 사례라고 할 수 있을 것이다.

③은 18~9세기에 유행했던 〈상사별곡〉이다. 당시 가창을 위해 제작된 가사의 하나로, 보통 십이가사로 통칭되는 작품 중의 하나이다. 언뜻 보면 기존의 이별시에서 보이는 그리움을 노래한 작품들과 다를 바 없어 보이지만, 그 이별의 아픔으로 '독수공방'을 지목하고 있다는 점이 흥미롭다. 더불어 '내' 감정만을 토로하는 것이 아닌 '님'의 감정까지 헤아려보고자 하는 시적 화자의 태도 또한 이전의 가사 작품에서는 거의 찾아볼 수 없는 특징이라고 할 수 있다.

이로 보면 이 시기 애정시에서는 정서적 절제를 강제했던 조선 전기 노래들에서의 사랑과는 또 다른 서정적 세계를 지향한다는 사실을 알 수 있다.[19] 그리하여 이런 작품들을 통해 독자는 시적 화자의 정서적 개방성이나 혹은 해방감을 읽을 수 있게 된다. 이는 리듬의 변천 혹은 투쟁과도 관련 있을 것이다. 여기에서 각 리듬 사이의 선후관계를 구체적으로 조망하지는 않겠지만, 이러한 개방성이나 해방감이 당대를 관통했던 노래의 형식, 즉 리듬과도 밀접한 관련을 맺고 있었으리라는 추측은 가능하다. 평시조에서 장시조로 변모한다든지, 가창성을 상실했던 가사 중 일부가 다시 가창을 전제로 불리기 시작했던 사실과도 접목시켜 볼 수 있다는 것이다.

이와 더불어 사랑의 대상에 대한 시적 화자의 태도 변화에도 주목할 필요가 있다. 사랑에 대한 시공간적 관념의 변화가 그것이다. 조선 후기 이전의 노래에서 보이는 애정의 한 양상에서 '영원성'을 배제할 수는 없다. 표출된 정서의 부정성은 이러한 영원한 사랑에 대한 막연한 기다림이거나 좌절이거나 유사 극복의 상황에 의해 표출될 수밖에 없었던 것이다.

그러한 영원성은 조선 후기에 이르러 변화의 조짐을 보인다. 영원성 자체의 변화라기보다는 그것의 대상이 변화하는 까닭이다. 즉 이전의 노래들에서는 '사랑 그 자체'의 영원성이 담겨 있었다면 이 시기에 이르러는 사랑과 관련한 '사건'의 영원성을 담기 시작했다는 것이다. 이를 두고 김진희는 "순간에서 영원을 지향하는 열정이 아니라, 반대로 영원으로부터 거리를 두고 순간적 만족만을 반복하기를 원하는 지극히 현실적인 바람"[20]이라고 말한 바 있다.

이러한 영원성의 변화는 비록 표면정서가 정한에 머물러 있는 듯 보이더라도 시적 화자의 내부에서 정서적 해방감을 고양시켜 줄 수 있다는 데에 그 특성이 있다고 생각된다. 외부적 관념에 의해 만들어진 사랑을 거부하고 내면으로부터 비롯한 본연적 감정을 그대로 발현시켜 사랑이라는 감정을 사회적 감정이 아닌 개인적 감정으로 되돌려 놓았다는 데에서 어떤 의의를 찾아볼 수 있다는 것이다. 그렇더라도 개인적 감정으로서의 사랑이 무조건 최고의 가치가 된다는 것은 물론 아니다. 당대 사회적 감정으로서의 사랑의 가치 또한 '오늘'의 시각에서 재검토할 필요가 있다. 우리 시대의 '애정'시가 함의하는 감성적 지평을 열기 위함이다.

4. 우리 시대의 '애정' 시
: 결론을 대신하여

이상의 언급에서 보면 한국 애정시의 전개 양상은 결국 '벽-이데올로기' 혹은 '상실'과 같은 '외부적 조건에 의한 관념'에 의해 파생된 것이 아닐까 한다. 그래서 거의 모든 시는 이별의 슬픔, 그리움, 한 등의 부정적(혹은 부정적으로 치부된)·이차적 감정들을 언급할 수밖에 없었던 것이다. 그렇다면 왜 이러한 관념의 파생 이후에만 노래가 생산되었던 것일까? 그런 현상들은 지금도 지속되는 것일까?

이런 물음에 대한 하나의 답을 제시하기 위한 과정이 바로 애정시의 전개 양상을 살피는 일이었다. 그 안에 투영된 이러한 외부적 조건에 의한 관념 같은 것들의 당대성과 그 당대성의 문화적 의미를 포착해 냄으로서, 이를 토대로 우리 시대를 바라볼 수 있는 다양한 시선을 생산하고자 했던 것이다.

그렇다면 지금, 우리 시대에 이르러 이러한 당대성은 또한 어떠한 양상을 보이고 있는 것일까? 그러한 양상을, 적어도 문학적 측면에서, '우리 시대의 사랑'이라고 명명해도 좋을 것인가? 정답이 될 수는 없겠지만, 시론적 차원에서라도 현대 애정시의 기점이라고 할 수 있는 김소월의 〈진달래꽃〉을 다시 살펴보는 일도 흥미로울 것이다.

우선 〈진달래꽃〉은 사랑하는 님과의 사이에서 마주한 이별의 정한과 승화를 노래했다고 알려진 작품이다. 그러나 사실 〈진달래꽃〉에서는 앞서 말한 감성 메커니즘이 보이지 않는다. 그렇게 본다면 〈진달래꽃〉을 두고 그간 회자되었던 주제인 '이별의 정한과 승화'는 어불성설이다. 작품의 전반적인 기조라고 할 수 있는 '정한'은 그렇다 치더라도 '승화'는 성립할 수 없다고 보기 때문이다. 승화란 허용될 수 없는 충동을 사회적으로 허용되는 사고와 행위로 전환시키는 것을 말한다. 그렇다면 〈진달래꽃〉에서의 이별은 사회적으로 허용될 수 없는 상황이었으며, 그 슬픔은 단지 시적 화자만의 관념적 표현이었을까? 그래서 시라는 문학적 장치를 통해 드러내려 했던 것인가?[21]

그런데 같은 시기 한용운의 『님의 침묵』에서는 이러한 이별의 양상이 국가로 확대되는 모습을 보인다. 모윤숙의 근대시편들 역시 '누이'가 중심이 된 '내셔널리즘적 사랑'의 지층에서 벗어나지 않는다.[22] 김수영의 『사랑의 變奏曲』에서 표상되는 사랑은 혁명과 그 궤를 같이한다. 더불어 그에게 있어서 사랑은 「나의 家族」에서도 보이듯이 간혹 정신적 지향을 좌절하게 만드는 현실적 예속이거나 그러한 감정에 불과하다.[23] 1960년대 황동규의 『어떤 개인 날』을 중심으로 초기에는 "사랑의 대상이 부재하는 상황에서의 폐쇄적이고 내면적인 사랑"이라고 평가되어 왔으며, 더하여 "나르시시즘의 사랑"이라는 평가를 받기에 이르렀다.[24]

이들 작품에서 사랑은 나아가 사랑의 대상은 애국심(혹은 국수주의)이거나 국가 그 자체 또는 혁명과 같은 것들이다. 물론 이런 현상이 전후 한국 사회의 제 문제를 반영하고 있다는 사실은 부인하지 않는다. 이어 1980년대의 시편들은 보다 더 다양한 양상을 보이지만, 이 시기에 사랑의 대상이 '민중'들로 옮겨가고 있었음을 주목할 필요가 있다. 이전 시기와는 달리 애정의 층위가 비약적으로 확산되는 양상을 보이고 있는 것이다.

물론 이후에도 이런 경향과는 상관없이 사랑은 여전히 개인적인 차원에서 노래되며, 도종환이나 원태연의 경우에서도 보는 바와 같이 그 정조는 대체로 이별 상황에서의 '슬픔'이나 '그리움'에 가깝다. 전근대 애정시의 전통에서 크게 벗어나 보이지 않는 것이다. 물론 용혜원의 〈사랑의 시인〉처럼 사랑의 기쁨을 단적으로 노래한 경우도 적지 않지만, 그 역시도 사랑을 이야기하는데 있어 '그리움'을 배제하지는 않는다.

이런 두 경향은 확실히 전근대와는 다른 양상이라고 말할 수 있겠지만, 이와 같은 사례들이 한국 현대 애정시의 전모를 보여준다고 할 수는 없을 것이다. 더불어 전근대의 애정시와 커다란 변별점을 갖는다고 말하기도 어려울 것이다. 그래도 전근대 특정 공간에서는 간혹 개인의 서정을 표현하는데 주저하지 않았다면, 현대 사회에서는 이마저도 억눌리는 듯한 인상을 배제할 수 없다.

전통적으로 우리 사회는 집단적 공동체주의 성격이 강하다고 보는 것이 일반적이다. 전근대 시기는 물론이거니와 오늘날에도 이런 점에는 변함이 없어 보인다. 중요한 것은 이러한 사회적 성격에 의해 개인의 개성이나 감성은 언제나 집단의 가치에 의해 배제되는 양상을 보인다는 점이다. 비록 약화되었다고는 하지만 아직도 전통문화라는 이름으로 우리 정신생활의 일부를 강제하는 유교 이데올로기와 분단이라는 상황에서 맞이하게 된 반공 이데올로기, 그리고 신자본주의와 같은 반인간적 사회체제와 같은 것들로 인해 개인의 소외는 오히려 더욱 고착화되어가는 듯 보인다.

이러한 상황에서 개인이 겪어야 할 소외감이나 고립감 그리고 그로부터 기인하는 좌절감 등은 쉽사리 치료될 가능성이 보이지 않는다. 사실 (자의든 타의든) 억압된 자아는 애초 설정한 긍정적 감정이나 가치관마저도 부정적으로 전환시켜 버린다. 즉 이렇게 생성된 부정적 감정이 긍정적 감정의 자리를 차지하게 되며, 마치 그 감정이 진실한 것처럼 자리하게 되는 것이다. 한국 현대 애정시에서 적어도 표면적으로나마 사랑의 긍정성이 좀처럼 보이지 않는 현상 또한 이러한 관점에서 설명될 수 있지 않을까?

결국 우리 시대 애정시의 표상감정은 또한 '체념' 혹은 '기다림' 그리고 그로 인한 '슬픔'에 귀결되는 것으로 보인다. 그래서 이 시대의 사랑은 적어도 문학적 측면에서는 슬픔으로서만 표상되는 것이 아닐까 한다. 이런 현상으로 미루어 보면 우리 애정시의 정서적 특징은, 전근대와 근대를 막론하고 사랑 그 자체에 있는 것이 아니라 그것으로 인해 파생된 복합감정을 표출하는 것에 있다고 말할 수 있을 것이다.

그런데 이런 결론은 애정시에 나타나는 사랑이 박제화된 감정으로 오인될 가능성을 안고 있다. 전근대 시기의 사랑의 의미가 문화적(혹은 사상적) 변이에 따라 영향을 받은 것은 확실해 보이지만, 결국 비극적 감정으로 표출되는 경우가 대부분이었기 때문이다. 이렇게 영향 받은 비극적 감정을 두고 사회적 감정이라고 말하기도 어려울 것이다.

그럼에도 불구하고 '현대 애정시에서의 사랑은 사회적 감정이다.'고 말할 수 있는 까닭은 동일한 표상감정의 층위임에도 불구하고 사랑을 노래하는 행위가 지향하는 바는 확연히 달랐다고 보기 때문이다. 즉, 전근대의 그것이 개인적 감흥의 극대화를 지향했다면, 우리 시대의 그것은 사회적 공감의 극대화를 지향하고 있다는 점이다. 이에 대한 근거 역시 우리 시대 애정시의 주체를 보다 면밀히 추적하는 과정에서 좀 더 명확히 드러날 것으로 기대한다.

| 주 |

울鬱과 한恨의 접점 혹은 변주

1 여기에서는 부정적 감정으로 특정한다.

2 이에 관해서는 James W. kalat 외 지음, 민경환 외 옮김, 『정서심리학』, 시그마프레스, 2007, 191~193쪽에 걸쳐 자세하게 언급된다.

3 감성 발현의 스펙트럼 현상에 대해서는 조태성, 「감성의 발현과 그 방식, 파장 혹은 스펙트럼」, 『감성연구』 창간호(전남대학교 호남학연구원, 2010)에 자세하다.

4 조태성, 『고전과 감성』, 전남대학교출판부, 2012, 33~34쪽 참조.

5 여기에서는 순전히 조어적造語的 역할만을 의미한다.

6 권석만, 「우울과 불안의 관계」, 『심리과학』 5, 서울대학교 심리과학연구소, 1996, 15~16쪽.

7 신은경, 『풍류-동아시아 미학의 근원』, 보고사, 2006, 257쪽.

8 이에 대해서는 다음 장에서 텍스트를 통해 좀 더 살펴보기로 한다.

9 이 글에서 인용하는 시조 작품은 박을수 편저, 『한국시조대사전』(아세아문화사, 1992)에 의하며, 인용 작품 말미의 번호는 이 책에 실린 가번을 의미한다. 이후 인용하는 시조 작품의 출전은 모두 가번으로 대신한다.

10 이세보李世輔(1832~1895). 고시조를 창작한 조선 후기의 마지막 대가 중 한 사람으로, 조선시대에 가장 많은 시조를 지었으며 경향도 다양하다. 근래에 개인 시조집 『풍아風雅』·『시가詩歌』 등이 발견되어 남긴 작품이 458수임이 판명되었다. 그는 말을 다듬지 않고 쉽게 썼으므로 많은 작품을 남길 수 있었다. 유배생활을 하면서 관리들의 부정을 신랄하게 비판한 시조와 애정을 주제로 한 시조가 많고, 그밖에 도덕·기행·회고 등을 읊은 작품이 있다. 형식에서도 월령체의 시조를 새롭게 지었다. 시조 창작의 주체가 사대부에서 평민으로 옮겨진 조선 후기에 사대부로서 현실의 다양한 사건을 소재로 하여 왕성한 창작활동을 했다는 점이 시조사적으로 주목할 만하다.(브리태니커

백과사전 참조)

11 왕방연王邦衍(생몰년 미상). 조선 세조 때의 문신이다. 단종이 영월에 유배되고 사약이 내려졌을 때 그 사약을 가져간 의금부도사였다.

12 〈아리랑〉의 기원설에는 여러 가지가 있는데 대체로 여음인 '아리랑'의 어원에서 그 바탕을 찾고 있다. 〈아리랑〉에 대한 연구를 시작한 시기는 1930년대를 전후한 시기이다. 이런 이유로 어원설은 대체로 〈아리랑〉의 최초의 형태가 1930년대에 정착된 〈아리랑〉과 유사할 것을 전제로 하고 있으며, '아리랑'이라는 말을 실사實詞로 보는 것을 전제로 하고 있다. ① 아리랑我離娘 : '나는 사랑하는 님을 떠난다'는 뜻을 갖고 있는 말에서 유래했다는 설, ② 아이농설我耳聾說 : 대원군의 경복궁 중건 때 고생하던 민중들이 반가운 말은 못듣고 괴로운 말만 듣게 되니 "차라리 귀가 먹었으면 좋겠다"라고 한 말에서 나왔다는 설, ③ 아랑전설阿娘傳說 : 밀양 영남루의 아랑낭자의 억울한 죽음을 애도한 노래에서 나왔다는 설, ④ 알영설閼英說 : 신라의 박혁거세의 아내 알영부인을 찬미한 말에서 변했다는 설 등이 있다. 이밖에도 여러 발생설이 있으나 어느 것도 확실한 근거는 아직 없다고 할 수 있다.

13 윤형덕, 「韓國詩歌의 情恨에 대한 硏究 – 가시리, 진달래꽃, 아리랑을 중심으로」, 『한국교통대학교논문집』 31집, 한국교통대학교, 1996, 22쪽.

14 박민일, 「아리랑의 精神史」, 『강원문화연구』 제7집, 강원대학교 강원문화연구소, 1987.

15 조태성, 『감성시학의 새지평』, 전남대학교출판부, 2014, 201쪽.

16 조태성, 위의 책, 202쪽.

17 김승희, 「아리랑의 정신분석–상실에 맞서는 애도, 우울증, 열락의 언어」, 『비교한국학』 20, 국제비교한국학회, 2012, 82쪽.

18 김승희, 위의 논문, 86쪽.

19 신은경, 앞의 책, 258쪽.

20 김덕령金德齡(1567~1596). 임진왜란 때의 의병장이다. 형과 덕홍과 함께 성혼의 문하에서 공부했다. 임진왜란이 일어나자 형과 함께 의병을 일으켰다. 1596년 도체찰사 윤근수의 노비를 장살하여 투옥하였으나, 이 일로 모함을 받는다. 반란군 이몽학을 토벌하려 했으나 오히려 이몽학과 내통했다는 충청도순찰사 종사관 신경행의 무고로 서울로 압송되어 투옥되었다가 옥사했다.

21 조태성, 『고전과 감성』, 전남대학교출판부, 2012, 279쪽.

22 조태성, 위의 책, 170쪽.

'부끄러움[恥]' 의 역설, 감성의 동역학

1 James W. Kalat 외, 민경환 외 옮김, 『정서심리학』, 시그마프레스, 2007, 303쪽.

2 김요한, 「수치심 문화와 죄의식 문화」, 『범한철학』 제64집, 범한철학회, 2012, 308쪽.

3 何謂四維 一曰禮 二曰義 三曰廉 四曰恥 禮不踰節 義不自進 廉不蔽惡 恥不從枉.

4 최준식, 『한국의 종교, 문화로 읽는다』, 사계절, 1998, 137~138쪽.

5 이광세, 『동양과 서양 두 지평선의 융합』, 도서출판 길, 1998, 205~206쪽.

6 최준식, 앞의 책, 138쪽.

7 이 작품은 칠언절구의 한시로, 1910년 경술국치 당시 매천이 국권이 완전히 피탈된 것에 대한 참담한 심정을 그려낸 작품이다. 총 4수로 이루어져 있으며, 김택영이 편찬한 『매천집』 권5에 수록되어 있다.

8 J.M. 바바렛 지음, 박형신·정수남 옮김, 『감성의 거시사회학』, 일신사, 2007, 213~248쪽. 참조.

9 임형택, 「황매천의 시인의식과 시」, 『창작과 비평』 19호, 창작과 비평사, 1970, 792쪽.

10 조태성, 「의와 인의 감성적 경계, 절명시의 비극적 숭고미」, 『한국고시가문화연구』 32집, 한국고시가문화학회, 2013, 255~256쪽.

11 박노준, 「사육신 시조의 절의」, 『세종학연구』 제4호, 세종대왕기념사업회, 1989, 5쪽 참조.

12 박을수 편저, 『한국시조대사전』, 아세아문화사, 1992. 괄호 안의 숫자는 이 책에 실린 작품의 가번을 의미한다.

13 전재강, 「고시조에서의 정치의식 표출의 양상」, 『시조학논총』 27집, 한국시조학회, 2007, 59쪽. 참고.

14 조태성, 「텍스트를 통해 본 발분 메커니즘」, 『인간·환경·미래』 제10호, 인제대학교 인간환경미래연구소, 2013, 82쪽. 참고.

15 조태성, 「감성 발현체로서의 시조의 역동성」, 『시조학논총』 42집, 한국시조학회, 2015, 105쪽.

16 이덕일李德一(1561~1622). 함평 출신의 충절인물로, 字는 敬而, 號는 漆室이며, 본관은 함평이다. 어려서부터 학문을 열심히 닦아 이름을 떨쳤으며, 임진왜란이 일어나 선조가 의주로 피난길에 올랐다는 소식을 전해들은 공은

학문을 그만두고 무예를 닦아 무과에 급제하였다. 그리고 정유재란을 당하여서는 함평백성들과 피난민들을 모아 의병을 조직하여 함평의 孤山과 東幕 등지에서 왜적을 무찌르며 당시 해전에서 고군분투하던 충무공 이순신을 도왔다. 그 후 절충장군이 되고, 곧이어 병조좌랑, 통제영병마절도사가 되었다. 이후 광해군의 난정이 계속되자 낙향하여 은거하다가 인목대비의 폐출을 반대하는 상소를 올리고 1622년 병으로 사망하였다.

17 생몰년도 미상. 호는 군헌君獻. 조선 영조 때 가인歌人이자 서리.

18 사실 이 작품은 병자호란 당시가 아닌 조선 영조 때 지어졌다. 이 시기 문학은 대개 실생활과 관련된 것이거나, 강호 혹은 자연문학의 기조가 더욱 강화되던 추세였다고 할 수 있다. 게다가 작가인 김진태는 가인歌人이자 하급관리로서 지난 전쟁을 상기하거나 또는 당시의 치욕을 다시 기억할 필요가 없었을 것이다. 그럼에도 불구하고, 여타의 작품 성향들을 통해 볼 때, 이러한 작품을 제작하게 된 배경으로 작가 자신의 의인적, 무인적 기질 외에는 달리 설명할 수 없을 것 같다.

19 홍익한은 병자호란 당시 최명길의 화의론을 강력하게 반대한 인물이다. 병자호란이 끝난 후, 홍익한은 척화론의 주모자로 지명되어 윤집, 오달제와 함께 청나라 심양으로 끌려가게 된다. 이들은 심양에서 모진 고문과 회유에도 불구하고 척화의 뜻을 굽히지 않아 결국에는 참형을 당하고 만다. 바로, 이들을 일러 삼학사라고 한다.

한국애정시 전개 논의를 위한 몇 가지 전제와 양상

1 연구의 대상에서 한시를 제외하는 까닭은 한시가 우리 민족 전체의 노래라기보다는 특정 계층의 장르라고 보았기 때문이다. 물론 후속 연구를 통해 한시만을 대상으로 애정시의 전개 양상을 살펴보기로 한다. 더불어 연구 범위가 다소 모호한 까닭은 특정 작품을 연구의 대상으로 삼은 것이 아니라 장르 전체를 대상으로 삼고 있기 때문이라고 할 수 있다.

2 사랑의 본질적 의미는 확대되었지만, 그것이 다시 하나의 이념적 의미로 차용되기 시작했다는 점에서 한정되었다는 것을 의미한다.

3 사실 이 시기 '애愛'를 대신할 수 있는 단어로는 '연戀'이 있다. 그러나 이 단어는 남녀 간의 사랑을 지칭하는 것보다는 임금에 대한 忠으로서의 사랑을 말하는 경우가 더 많았다고 보인다.

4 사실 이러한 진술들은 개별 작품의 분석보다는 당대를 관통했던 리듬(장르)

들이 가지고 있었던 사랑에 대한 공통 속성을 포괄적으로 지칭하는 필자의 주관적 관점이기도 하다.

5 이 글은 단편적인 하나의 주제 천착에 그치지 않고 문학을 통해 '감성공동체'를 지향하고자 하는 총론 형성과정에서 필요한 문제제기적인 성격을 갖는다. 따라서 개별 작품에 대한 문학적 해석이나 비평에 치중하다기보다는 총론의 타당한 전제를 설정하기 위한 입론에 더욱 치중하려는 의도가 있음을 미리 밝힌다.

6 후술하겠지만, 이러한 전제들은 애정시를 변별하는 다양한 조건들과도 밀접한 관련을 맺고 있다. 그러나 논의의 여건상 이 글에서 이 모든 조건을 살펴보는 것은 불가능하므로 이 중 가장 기본적인 사랑의 개념과 관련한 변별 조건에서의 애정시를 살펴볼 것이다. 즉, 개인적 층위에서의 남녀 간의 사랑을 노래하는 경우로 논의의 영역을 한정하고자 한다.

7 기존의 연구들에서는 애정시에서의 사랑을 대개 이별과의 관련성에만 주목하는 경우가 많았다. 조세형은 "애정시가에서는 서정적 주체인 '나'와 그 대상인 '님'이 대립되고, 내가 서 있는 장소인 '여기'와 님이 서 있는 장소인 '거기'가 대립되었다. 이를 상실의 원인에 따라 '제자리/이탈'의 경우로 따져보면, 님은 제자리에 있고 내가 거기서 이탈한 경우와, 나는 제자리에 있는데 님이 여기서 이탈한 경우로 나눌 수 있다."(「한국 애정시가의 전통과 시공간적 상상력」, 『국어국문학』 147(국어국문학회, 2007), 71쪽.)고 말한 바 있다. 사실 이런 경우는 애정시가 전체의 모습이라고 보기 어렵고, 특별히 이별의 상황과 관련한 슬픔을 노래한 경우에 한정해야 할 것으로 판단된다. 애정으로부터 비롯하는 긍정복합적 감정을 노래한 경우도 상당하기 때문이다. 적어도 조선 후기 이전 시대에는 남성들에 의해 제작된 노래(기녀와의 사이)들이 이에 해당한다. 이런 경우 상대 여성의 노래 또한 긍정성을 보이기도 하지만, 또한 부정성을 보이는 경우도 적잖다. 이러한 현상 자체가 남성 본위의 봉건체제에서 비롯한 사회적 현상의 한 단면을 반영할 뿐이다.

8 대표적인 경우로 황진이의 〈山은 녯 山이로되 물은 녯 물이 아니로다 / 晝夜에 흐르거든 녯 물이 이실소냐 / 人傑도 물과 굿도다 가고 아니 오노미라(2048)〉를 들 수 있다(박을수 편저, 『한국시조대사전』 上·下, 아세아문화사, 1992. 괄호 안의 숫자는 가번이며, 향후 인용하는 시조 작품에는 모두 이 책의 가번을 부기한다.).

9 이런 상징은 이별이 외부적 조건에서 비롯하는 것이며, 결코 해소될 수도 없다는 관념의 지배에서 비롯한다.

10 조세형, 앞의 논문, 58쪽.

11 후대로 갈수록 이런 기다림은 개인적인 차원에서 국가적 차원으로 확대되는 양상을 보이기도 한다. 물론 이는 이데올로기와 관련을 갖는다.

12 이에 관해서는 조태성, 「감성 메커니즘으로서의 애이불비-서정시의 계보학적 고찰을 중심으로」(『한국문학이론과 비평』 55호, 한국문학이론과 비평학회, 2012.)를 참고할 것.

13 여창가곡이란 조선시대 상류사회의 풍류방에서 애창된 시조 및 가사와 함께 정가正歌에 속하는 성악곡이라고 할 수 있다. 시조의 노랫말을 5장의 형식으로 얹어 부르는 것을 가곡이라고 하는데, 특히 여창가곡은 남창가곡과는 달리 여성 소리의 독특한 음색을 살리기 위한 것이 특징이라고 할 수 있다.

14 김진희, 「女唱歌曲에 나타난 애정의 양상과 의미」, 『한국시가연구』 제29집, 한국시가학회, 2010, 185쪽.

15 유사애정시란 남성 문인이 창작한 閨怨詩나 愚意的 戀君詩歌 등을 지칭하는 것으로, 이러한 유형의 시가는 일견 여성의 애정과 그리움 등을 표현한 것으로 보이나, 그 안에는 사실 작가인 남성 문인의 정치적 의도와 여성에 대한 윤리적 이상 등을 담아 놓았다는 특징을 지닌다(김진희, 위의 논문, 같은 쪽.).

16 김진희, 같은 논문, 189쪽.

17 김진희, 같은 논문, 202쪽.

18 장시조의 유행과 여창가곡의 유행을 선후의 관계를 규정할 수는 없다. 다만 동시대의 산물인 만큼 서로 간의 일정한 관련성을 부인하지 않는다는 관점에서 진술한 문장임을 밝힌다.

19 물론 정서적 절제를 강제했다고 해서 그 안에 내재된 정제된 표현의 아름다움이나 미학적 풍격이 손상되었다는 것은 결코 아니다. 단지 그것이 '사랑'과 관련한 감정 표현의 면모를 상대적으로 제한시켜버렸다는 단점을 지적하고 싶은 것이다.

20 김진희, 같은 논문, 203쪽.

21 조태성, 앞의 논문, 411~412쪽.

22 이기성, 「국가와 청춘-모윤숙 시에 나타난 내셔널리즘과 사랑」(『현대문학의 연구』 38, 현대문학연구학회, 2009.)을 참고할 것.

23 강연호, 「김수영의 시 『사랑의 변주곡』 연구」(『현대문학이론연구』 12, 현대문학이론학회, 1999.)를 참고할 것.

24 오주리, 「황동규 초기 시에 나타난 나르시시즘의 사랑 연구」, 『비평문학』 50, 한국비평문학회, 2013, 232쪽.

제3부

심상과 상징

시조에 구현된 물[水]의 심상

1. 들어가며

물[水]은 우리 시가에서 몇몇의 자연물과 더불어 전통적인 정서를 표현하는 주요 제재 중의 하나로 간주되어 왔다. 정헌교[1]에 의하면, 정병욱의 『시조문학사전』 소재 2,376수 중 물에 관한 시조는 개별 명칭의 유무와 상관없이 모두 552수인 것으로 조사되었다. 그러나 이는 단지 물이라는 것이 어떠한 형태로든 표현된 모든 시조를 망라한 결과일 뿐, 물이 가진 정서의 표출이나, 작품 전체의 의미와는 무관하다.

따라서 본고의 연구 대상은 우선 '물'이 작품의 제재로 사용된 경우로 한정한다. 물은 단순히 물 자체만을 의미할 뿐만 아니라 정井, 천川, 계溪, 하河, 강江, 해海 등을 모두 포괄할 수 있는 공통된 속성으로서의 의미를 지닌다. 따라서 본고에서는 이들 모두를 같은 개념으로 간주하겠다. 그러나 물의 한 형태가 단순하게 언급되는 경우나, 고유 명사 ―주로 지명― 등이 사용된 경우는 제외된다. 연구를 위해 박을수의 『한국시조대사전』(아세아문화사, 1992)

을 저본으로 삼고, 이에 소재한 5,763수 중 19수를 가려 뽑았다. 그리하여 우리 시가에서 물의 정서는 어떠한 것이며, 또한 그것이 시조를 통해 형상화되었을 때 그 심상의 표출은 어떠한 양상과 의의를 가지는지를 살펴보겠다.

2. 시가에 내재된 물[水]의 정서

문학에서 정서는 특정한 매개를 통해 물物의 구체적 비유, 성性의 추상적 은유의 방식으로 표출된다. 그렇다면 그 매개로서의 물은 어떠한 정서를 대변하고 있는 것일까? 우선 문학이 정서의 진솔한 표현에 다름 아니라면, 그것과 물物의 구체적인 비유는 자연에서 시작한다. 그래서 고대 우리 문학의 발원이라고도 말할 수 있는 〈황조가〉, 〈구지가〉에서는 동물을, 그리고 〈공무도하가〉에서는 '물'을 그 대상으로 삼아 화자의 심정을 대변하고자 하였다.

특히 〈공무도하가〉에서의 '물'은 이때부터 우리 문학에서 '경계'의 정서를 표현하는 대표적인 대상이 되어 왔다. 물론 여기서의 '경계'는 단순히 지리적 의미에서만 머물지는 않는다. 〈공무도하가〉에서의 물은 삶과 죽음의 경계, 그리고 이별의 경계적 의미를 함께 함의하고 있다. 이러한 의미는 조선시대에 이르면 더욱 뚜렷해지는데, 임제의 〈무어별無語別〉이라는 작품이 이를 여실히 보여주고 있다. 즉, 이 작품에 나타난 '계溪'는 사랑하는 님과 이별을 해야 하는 경계점에 다름 아니다.

열 다섯 아리따운 아가씨가 시냇가에서　　十五越溪女
남 부끄러워 말없이 이별하네　　羞人無語別
돌아와 중문을 걸어 닫고는　　歸來掩重門
배꽃 같은 달을 향해 소리 죽여 흐느끼네　　泣向梨花月

이 작품은 당대의 사회상이 두 남녀의 이별에 간여하여 더욱 슬픈 감성을 자아내게 하고 있다. '수인羞人', 즉 남에게 부끄럽다고 하는 것은 당대에 남녀 간의 사랑이 아직 개방되어 있지 못함이요, 그래서 사랑하는 님을 떠나보낼 때조차 타인의 눈을 의식해야 했기에, 아무런 말없이 보내야만 하는 화자의 짙은 슬픔이 내재되어 있는 시어이다. 또한 그러한 슬픔은 돌아와 아무도 없는 공간에서조차 소리 내어 마음껏 울지도 못하는 한스런 울음으로 대변된다. 그러한 이별의 슬픔과 한은 이쪽과 저쪽으로 갈라버리는 '계溪'의 물줄기에 의해 더욱 드러나 보일 수밖에 없다.

그러나 물의 이미지는 이처럼 특정 경계에만 머무르지 않는다. 성리학이 이 땅에 도입된 이후, 물은 그 형상과 특성으로 말미암아 선비가 추구해야 할 도의 모습, 혹은 지향점으로 표상화되기도 한다. 즉, 끊임없이 그치지 않고 흘러가는 '부단성不斷性', 깨끗하게 씻어줄 수 있는 '청정淸淨', 그리고 이들을 모두 포괄하는 '사덕四德'[2]의 표상인 것이다. 무색무취에 언제나 변함없는 물의 형상과 고임이 없이 언제나 흘러가는 물의 역동적 특성은 군자가 추구해야 하는 도의 모습과 분명 상통한 부분이 있어 보인다.

구름 빗치 조타 ᄒᆞ나 검기를 ᄌᆞ로ᄒᆞᆫ다
ᄇᆞ람 소릐 ᄆᆞᆰ다 ᄒᆞ나 그칠 적이 하노매라
조코도 그츨 뉘 업기ᄂᆞᆫ 믈 ᄲᅮᆫ인가 ᄒᆞ노라 (42)[3]

이 작품은 고산 윤선도의 〈오우가五友歌〉 6수 중 서수를 제외하고 가장 먼저 노래한 시로서 '물[水]'를 주제로 삼고 있다. 이 작품에서 '조코도 그츨 뉘 업기ᄂᆞᆫ'은 물의 가장 원천적源泉的인 모습을 보여주는 구절이라고 할 수 있다. '조코도'는 청정淸淨이요, '그츨 뉘 업기ᄂᆞᆫ'은 부단不斷이니, 본디 물이 가지고 있는 원천의 모습을 그대로 보여주고 있는 것이다.

이에 대해 박준규는 『맹자』의 구절을 인용하면서 "밤낮으로 부단히 흘러 쉬지 않는 것을 일러 晝夜不舍 또는 晝夜不息이라 하는데, 그것은 근원이 깊은 원천이어야 그러한다는 뜻을 내포하고 있다. 우리 인간도 근본이 있는 자는 이러한다 함은 직접적인 인간윤리의 교시로 볼 수 있다."[4]고 해석하였다. 따라서 이 작품은 물이 인간으로서의 수신을 달성하기 위한 모범적 표상에 다름 아니었음을 보여주는 실례가 된다고도 하겠다.

이상에서 필자는 물이 전통적으로 우리 문학에서 크게 두 부류의 정서를 대변하고 있음을 알 수 있었다. 이를 '경계'와 '수신'으로 볼 수 있는데, 후술하겠지만, 작품 속에서 이들 간의 구별은 명확치 않을 수도 있다. 시가 서정적 자아를 대변한다고 볼 때, 이들 정서는 그 넘다듦의 폭이 매우 다양하기 때문이다. 따라서 물이 가진 심상은 이 두 가지의 정서로 대변할 수 있겠지만, 실제 작품의 분석에 있어서는 각 작품이 지닌 '서정성'의 발로 유무가 그 기준으로 작용되리라 여겨진다. 왜냐하면 이 두 부류의 개념에서 작품 내용상 경계는 사적 영역, 수신은 공적 영역에 해당된다고 생각하기 때문이다.

특히, 이러한 서정성은 대개 작품 내에서 물이 가진 '항상성'으로 표출된다. 여기에서 물의 항상성을 언급하는 것은 그 특성이 '경계'와 '수신'이라는 두 부류의 작품에 고루 작용할 수밖에 없는 까닭이다.

① 山은 녯 山이로ᄃᆡ 물은 녯 물이 아니로다
晝夜에 ᄒᆞ르거든 녯 물이 이실소냐
人傑도 물과 ᄀᆞᆺ도다 가고 아니 오노ᄆᆞ리 (2048)

② 靑山은 萬古靑이오 流水난 晝夜流라
山靑靑 水流流 그지도 읍슬시고
우리도 긋치지 마라 山水 갓치 하오리라 (4028)

①은 황진이黃眞伊의 작품이고, ②는 신지申墀의 〈영언永言〉이라는 작품이다. 두 작품에서 공통적으로 보이는 것은 물은 부단함, 그리고 그것을 넘어선 즉 항상성이다. 우선 ①에서는 물의 부단함이 먼저 부각될 수 있다. 멈추지 않고 흘러가기에 예전의 물은 있을 수 없다는 것이다. 그러나 작품의 전체적인 의미를 염두에

둘 때 부단함보다는 한결같은 모습으로 물의 이미지를 파악하는 것이 더욱 합당할 듯하다. 이 시조는 지난 사랑을 되돌아보면서 그 사랑이 다시 돌아오기를 기다리는 마음, 그래서 간절한 그리움이 녹아 있는 작품으로 보아야 하기 때문이다.

②에서 청산은 변함없이 푸르며, 흐르는 물 또한 그치지 않는 형상을 먼저 보여준다. 산청山靑과 수류水流가 그치지 않는다는 것은 부단不斷의 의미를 넘어 언제나 변함없는 제 모습의 유지라는 의미로 보아야 한다. 따라서 '우리도 긋치지 마라'는 우리도 변하지 말자는 의미가 되겠고, 그것은 곧 信의 의미가 되는 것이다. 이처럼 물의 항상성은 어느 한 시적 영역에서만 보이는 것이 아니라 작자의 마음에 따라 어디든 나타날 수 있는 특성을 가지고 있다고 하겠다.

다음은 내용상 사적 영역과 공적 영역을 함께 유추해볼 수 있는 작품으로, 윤선도의 〈견회요遣懷謠〉 중 세 번째 수이다.

> ③ 楸城 鎭胡樓 밧긔 우러 녜는 져 시내야
> 므슴 호리라 晝夜에 흐르는다
> 님 向흔 내 뜻을 조차 그칠 뉘를 모로는다 (4185)

〈견회요〉는 특히 사친의 심정을 형상한 대표적인 작품으로 꼽힌다. "문학에서의 효와 충의 주제는 유가 교본의 관념적 소개나 도덕론적 교훈의 열거보다는, 충과 효의 두 가지를 실천하지 못한

데서 생기는 회한과 갈등을 내용으로 하였을 때에 이의 미적 감동은 더 절실해진다."[5]는 박준규의 말처럼, 이 작품은 기존 훈민가류의 작품들과는 확실히 차이가 나타난다.

〈견회요〉의 핵심 감정은 제목에서 보이는 바 그대로 '회한'이다. 부모를 가까이 모시지 못하게 된 회한, 임금을 섬기지 못하게 된 회한이 5수에 걸쳐 적나라하게 드러나 있다. 이 작품도 마찬가지이다. '우러 녜는 져 시내'는 울고 싶은 작자의 마음이 반영되어 있는 표현이다. 그런 심사를 담은 시냇물은 또한 아침저녁으로 그치지 않고 흘러간다. 그것은 마치 '님'을 향한 내 마음이 그치지 않는 것과 같음이다.

여기에서 '님'은 사적 영역에서 보면 부모가 되겠고, 공적 영역에서 보면 임금이 될 것이다. 그리하여 '그칠 뉘를 모로는' 항상성은 사적으로 효를 표출하게 되며, 공적으로는 충을 표출하게 된 것이다. 그래서 효와 충이 함께 읽혀지게 하는 작품이 되었고, 따라서 이는 항상성의 표출 범위가 특정 영역에 머무르지 않을 수도 있다는 반증이 되기도 하다.

3. 물의 정서와 심상의 표출

앞장에서 시조에 나타난 물의 정서는 크게 보아 두 부류의 개념으로 분류할 수 있다고 하였다. 경계와 수신이 그것이다. 전자에 해당하는 작품에서 물은 내용상 주로 이별, 그리움 혹은 기다림, 사랑, 성욕에 대한 갈구 등의 제재로 사용되고 있다. 그리고 후자는 불변성, 부단함, 마음 다스림, 학문의 길 등의 제재로 사용되고 있다.

그러나 실제 작품에서 이들 각자의 정서는 개별이지 않다. 앞서 살폈듯이 '항상성'에 있어서 그것은 사랑이 그러하기를 바라는 것일 수도 있고, 군자의 덕이 그러하기를 바라는 것일 수도 있기 때문이다. 그런 까닭에 실제 작품의 분석에 있어서는 물의 '내적 의미'와 '외적 형태'를 고려하여 해석을 기할 수밖에 없으며, 여기에 '서정성'의 유무를 판단하면서 그 대표적인 심상으로 '경계'와 '수신'을 삼았다는 점을 밝힌다.

3.1 경계境界, 만남과 헤어짐의 마주침

경계는 그것이 시로 들어오는 순간 모호한 개념이 된다. 반대쪽의 심상들이 서로 맞부딪치게 하는 충돌점이 되면서, 어느 하나를 긍정하거나 혹은 부정하기도 한다. 만남을 마주하는 지점에서 경계는 사랑이 되고, 헤어짐을 마주하는 지점에서 그것은 이별이 되는 것이다. 그러나 이러한 마주침은 그 지점에서 끝나지 않고, 사랑이라면 불변하고자 하는, 이별이라면 기다림 끝에 다시 만나고자 하는 욕망 내지 갈구로 향한다. 그것이 시 속에 보이는 경계의 모습이자 물의 심상이다.

④ 내 情은 靑山이오 님의 情은 綠水ㅣ로다
綠水 흘너 간들 靑山이야 變홀 손가
綠水도 靑山 못 니저 밤새도록 우러 녠다 (827)[6]

⑤ 간 밤에 우던 여흘 슬피 우러 지내여라
이제야 싱각ᄒᆞ니 님이 우러 보내도다
져 물이 거스리 흐르고져 나도 우러 녜리라 (97)

시조 ④는 나와 님을 청산靑山과 녹수綠水에 비유한다. 청산이 한 곳에 머물러 '정靜'의 이미지를 갖는다면 녹수는 쉼 없이 흘러 '동動'의 이미지를 갖게 한다. 따라서 머물러 있는 청산이야 변함이 없을 터이지만 흘러가는 녹수는 과연 변함이 없겠느냐는 말로 나의 사랑에 대한 믿음을 먼저 확인한다. 그리고는 다시 님의 사랑을 확인하고 싶어 한다. 흘러가는 물소리를 님이 가진 나에 대한 그리움의 울음소리로 환원시키고자 하는 것이다. 결국 여기서 물은 님을 보낸 경계였지만, 그 물 또한 님이 나를 잊지 못하는 그리움의 경계가 되는 것이다. 이별과 그리움의 마주침은 곧 청산과 녹수의 마주침이 되었고, 그것은 다시 사랑에 대한 확인이 되고 있는 것이다.

⑤는 원관란元觀瀾의 작품이다. 이 시조에서 '여흘' 곧 냇물은 떠나 있는 님과 남아 있는 나 사이의 경계점이다. 이 경계는 님과 나 사이의 사랑이 마주치는 곳으로 표현된다. 지난 밤 그렇게 울어대던 냇물 소리는 곧 님께서 그렇게 우는 소리로 들려질 수밖

에 없는 나의 환청이다. 그 환청이 이제는 님에게도 들렸으면 하는 바람이 보인다. 내게 울음소리를 전하던 물이 도리어 이제 님께서 계시는 곳으로 거슬러 올라가 나도 울고 있음을 전해주었으면 하는 것이다. 서로 떨어져 있어 더욱 사무치는 그리움은 물을 통해 간절한 사랑의 갈구가 된다.

⑥ 落花ᄂᆞᆫ 뜻이 이셔 流水를 ᄯᆞ루거ᄂᆞᆯ
無情ᄒᆞᆫ 뎌 流水는 落花를 보니거다
落花야 니 언제 너 홀로 보니더냐 나도 함끠 흐르노라 (675)

⑦ 늙지 안는 청산이요 다치 안는 녹슈로다
청산이 연분 되고 녹슈가 근원 되면
아마도 인간의 이별이란 말리 업셔 (1010)

이들 작품에서 물은 지고한 사랑의 대상으로 표현된다. 그리고 그것은 영원을 지향하는 완성된 모습이다. 물은 흘러가는 그 자체로 타물他物에 있어서는 경계가 된다. 그러나 그 흐르는 물에 '뜻'을 가진 꽃잎 하나 떨어짐으로써 그 경계는 이내 사라지게 된다. 그리고 이제는 이루어져야 할 두 존재 간의 합일만이 표현될 뿐이다.

먼저 김학연金學淵의 시조인 ⑥에서 '흘러가는 물[流水]'에 주목해 보자. 마냥 흘러가는 물은 그저 무심해 보인다. 보는 이에 따라서는 무심한 정도를 넘어 모든 것을 휩쓸어 가는 물결이 무정해

보이기까지 하다. 시조에서 그 물결은 낙화로 표현된 나의 마음마저 그저 휩쓸고 가는 듯 보인다. 그러나 님[流水]은 곧바로 사랑을 확인해 주는 모습이다. 휩쓸고 가는 것이 아닌 함께 흘러가고 있음을, 그리고 언제나 함께 하고 있었음을 상기시켜 주고 있는 것이다. '쁫이 이셔', 다시 말해 사랑의 마음이 있어 님을 따르고자 '나[花]는 님[流水]에게 가서[落] 落花'가 되었고, 그 님은 언제나 불변하는 마음으로 '부단不斷'히 나와 함께 하고 있었음을 확인한 것이다.

그러나 이세보李世輔의 시조인 ⑦에 보이는 물[綠水]은 영원한 사랑을 표현하기 위한 원천적 대상이다. 늙지도 않고 영원히 푸르러 청산靑山이고자 함이요, 끝이 다하지도 않을 녹수綠水이고자 함이니 이보다 더한 사랑도 없을 것이다. 따라서 서로 연분이 되고, 서로 근원이 되면 그 사랑에 이별이란 불가능한 일임을 노래하고자 함이다. 이 작품에서는 경계란 있을 수 없다. 산이 푸르러 따르는 물이 녹수綠水가 되었을 것이니, 물은 이미 경계를 넘어 합일의 한 대상이 되었다.

경계가 헤어짐을 마주한 상황에서는 물의 심상이 좀더 표층적으로 드러난다.

⑧ 千萬里 머나 먼 길에 고은 님 여희옵고
내 ᄆᆞ음 둘 ᄃᆡ 업서 냇ᄀᆞ에 안자시니
져 물도 ᄂᆡ 안 ᄀᆞᆺᄒᆞ여 우러 밤길 녜놋다 (3897)

이 작품은 왕방연王邦衍이 단종을 영월 유배지에 호송하러 갔다가 돌아오는 길에 읊은 것이다. 세조의 신임을 받던 왕방연이기는 하지만 단종의 비참함에 함께 슬픔을 느끼며 어느 냇가에 앉아 읊은 것으로 알려져 있다. 여기에서 '냇ᄀᆞ'는 이제 '고은 님'을 다시 볼 수 없게 하는 이별의 영원한 경계로 설정되어 있다. 헤어짐을 마주하였기에, 들리는 물소리 역시 울음소리와 다를 바 없다.

⑨ 임 이별 하던 날에 피눈물 난지 만지
압록강 내린 물이 푸른 빗 전혀 업네
배 위에 白髮 沙工이 처음 본다 (하더라) (3475)

이 작품은 인조대 홍서봉洪瑞鳳의 작으로 알려져 있다. 그가 병자호란 때 청나라로 항복을 협의하러 가는 길에 건너게 된 압록강에서 당시의 처절한 심사를 표현한 것으로 보인다. 여기서 압록강은 씻을 수 없는 울화의 표상이다. 인조를 대신하여 그를 떠나 청나라로 가는 길에 마주친 압록강은 다시는 님을 보지 못하게 할 것만 같은 이별의 경계점, 이국離國의 경계점이다. 따라서 강물의 '푸른 빗'이 더 이상 푸르게 보이지 않는다는 말을 통하여 당시 작자의 심사가 얼마나 처연했는지를 대변해준다고 하겠다.

이상의 두 작품에서 물은 이별에 대한 뚜렷한 경계가 된다. 비록 그 이별이 남녀 간의 사랑에서 비롯하여 다시 만나길 염원하는 슬픔은 아닐지라도 오히려 그보다 더한 슬픔을 마주하게 하는 이별의 경계가 되어버린 것이다. 따라서 그 경계를 지워버리고자 하는 작자의 심사는 울화로 맺힐 수밖에 없는 상황이었고, 물은 그런 울화를 담아내는 표상이 되었다.

물이 성에 대한 욕망으로 치환된 작품도 있다.

> ⑩ 고사리 ᄒᆞᆫ 단 쐬쟝 직어 먹고 물도 업ᄂᆞᆫ 東山에 올나
> 아모리 목말네라 목말네라 ᄒᆞᆫ들 어ᄂᆡ 환양의 ᄯᆞᆯ년이 날 물쪄다 주리
> 밤중만 閣氏네 품에 드니 冷水ㄱ景이 업세라 (255)

이 작품에서 언급된 물은 '여성' 혹은 '성욕'의 표현이다. 그리고 그것에 대한 해결 또한 물로 표현된다. 고사리 한 단을 된장에 찍어 먹고는 목마르다고 한다. 예로부터 고사리를 많이 먹으면 다리 힘이 약해지고 양기가 떨어진다는 말이 있다. 혼자 사는 총각이 성욕을 주체하지 못하고 그렇게라도 억눌러 보려 했지만, 오히려 그것에 더욱 갈증이 나는 상황이 되어 버렸다. 어디 서방질 하는 계집이라도 있을까 했지만 그도 아니어서 더욱 목마른 상황이다. 그러다 어느 밤중에 만난 젊은 여자를 만났더니 냉수 찾을 경황도 없을 정도가 되어버렸다.

3.2 수신修身, 군자의 길

수신은 군자로 가는 가장 첫 길이라고 할 수 있다. 따라서 그 안에는 먼저 사람으로서 당연히 지켜야 할 다섯 가지 떳떳한 도리를 따르지 않을 수 없겠는데, 그것이 바로 수신의 시작이라고 볼 수 있다. 이렇게 따라야 할 오상五常[仁義禮智信]은 물과 닮아 있다. 시자尸子의 사덕론四德論이 그러하고, 맹자의 '주야불사晝夜不舍'가 그러하며, 공자의 '지자요수智者樂水'가 그러한 대표적 실례이다. 그런 까닭에 성현이라 일컫는 사람들은 대개 물을 두고 수신의 현현顯顯한 양상을 보여주고자 힘써 왔던 것이다.

⑪ 가마귀 싸호는 골에 白鷺야 가지 마라
셩낸 가마귀 흰 빗츨 ᄉᆡ올셰라
淸江에 조히 시슨 몸을 더러일까 ᄒᆞ노라 (36)

위의 시조는 고려 말 충신으로 널리 알려진 포은 정몽주의 모친이 지었다고 알려진 작품이다. 이 작품에 대해 이해웅은 "백로가 창파에 몸을 깨끗이 씻음은 부정, 불의와 타인을 시기, 질투, 중상, 모략하는 무리들의 속된 생활과는 달리 스스로 지조를 지켜 淸廉潔白하게 지내겠다는 순수성의 발로로 봄이 옳을 것 같다."[7] 고 평한 바 있다.

여기에서 '가마귀'는 조정에서 다툼을 벌이는 간신 무리들을 나타낸다고 볼 수 있다. 조금 더 그 의미를 확장한다면 세속의 이익과 자신의 영달에 안달이 난 그런 무리들을 말하는 시어가 될 것이며, 그 속에 자칫 발을 들여 놓다간 그들의 시기를 받을 뿐만 아니라, 외려 '청강淸江'에서 깨끗하게 닦은 몸[修身]마저 더럽혀질까 저어된다는 내용이 되는 것이다.

⑫ 江干애 누어셔 江水 보는 뜨든
逝者如斯ᄒᆞ니 百歲 ㅣᆫ들 멀근이료
十年前 塵世 一念이 어름 녹 듯ᄒᆞᆫ다 (131)

위는 권호문權好文의 〈한거십팔곡閑居十八曲〉 중 마지막 연에 해당하는 작품이다. 흘러가는 물에서 지난 세월 속의 집착을 떠올리다 마침내는 그 집착마저 흘려보낸다는 내용이다. '江水 보는 뜨든'은 결국 마음을 다스리고자 함이었을 것이다. 그러면서 유교적 깨달음의 경지, 즉 현세에 대한 미련과 그 감정에서 벗어나 결국에는 그 감정이 '어름 녹 듯' 모두 사라졌음을 이야기 한다. 이러한 경지야 말로 군자가 추구하는 궁극의 삶이 아니었을까.

⑬ 靑山은 므스 일노 無知ᄒᆞᆫ 날 ᄀᆞᆺᄐᆞ며
綠水는 엇지 ᄒᆞ야 無心ᄒᆞᆫ 날 ᄀᆞᆺᄐᆞ뇨
無知타 웃지 마라 樂山樂水ᄒᆞᆯ가 ᄒᆞ노라 (4029)

위의 작품은 안서우安瑞羽의 〈유원십이곡楡院十二曲〉 중 제2수이다. 무지無知하고 무심無心한 작자는 청산과 녹수에 치환된다. 그러나 이들이 닮은 것은 작자가 아니라 오히려 작자가 그들을 닮고 싶다는 욕망이 엿보인다. 또한 요산요수樂山樂水라 함은 공자가 말한 인자仁者와 지자智者의 덕목, 즉 군자의 길을 의미한다고 볼 수 있다. 따라서 작자 역시 이를 따름으로써 수신의 길을 찾고 있다고 보아도 무방할 것이다. 이와 같은 내용의 시조를 한 수 더 살펴보자.

⑭ 문 압픠 가ᄂᆞᆫ 물이 대제로 흘ᄅᆞ 든다
쏼가다 저 물 ᄀᆞ예 갓근 싯고 ᄇᆞ라보이 가ᄂᆞᆫ 겻도 저 물니오
잇ᄂᆞᆫ 겻도 저 물이라
셩닌의 일룬 말솜 물보기도 술이 닛다 ᄒᆞ신이라 (5426)

이 작품은 남극엽南極曄이 지은 〈애경당십이월가愛景堂十二月歌〉의 6월령으로 '대제관창大堤觀漲'이라는 부제가 붙어 있다. 가느다랗지만 맑은 물줄기 갓끈을 씻는다고 하는데, 이는 작자가 인식하는 현실이 아주 태평함을 말해주는 것이라고 할 수 있다. 그 기저에는 물론 군자가 많은 시대이기에 가능한 현실이라는 유교적 발상이 스며 있음이다. 또한 작자는 작품 속에서 가고 머무는 물을 구별하고, 그 중 어떤 것이 군자의 길에 가까운 것인지 알리고자 한다. 그래서 성인의 말을 빌러 물을 보는 것에도 방도가 있다고 설파하는 것이다. 즉, '관수유술觀水有術'[8]을 수신의 한 방책으로 삼아야 한다는 말에 다름 아니다.

물을 제재로 하여 군자의 관용을 이야기하는 시조도 있다.

⑮ 골골히 들리는 소릐 조흠도 조흘시고
암계를 다 디내고 구비 구비 도라 가니
무서시 믜친 일이 잇관듸 열열명을 ᄒᆞ는다 (281)

위는 권섭權燮이 지은 〈십육영十六詠〉 중 '계溪'라는 부제의 작품이다. 작자는 먼저 물소리에 귀를 기울인다. 골짜기마다 바위 사이마다 흘러내리는 시냇물을 바라보며 유심히 그 물소리를 듣노라니 마치 사람들이 제각각 아우성을 내는 것처럼 느껴진다. 그러나 작자는 무심히 이를 듣고만 있을 뿐이다. 일종의 관조라고 볼 수도 있을 것이나, 오히려 군자가 갖추어야 할 포용에 가까운 경지라고 보는 것이 더욱 합당할 듯하다.

⑯ 물아 어듸 가ᄂᆞ나 갈ㅅ길 머러셔라
뉘 누리 다 ᄎᆡ와 지내노라 여흘 여흘
蒼海예 몯 밋ᄎᆞᆫ 젼의야 근칠 쭐이 이시랴 (1547)

이 시조는 강익姜翼의 〈삼결三闋〉이라는 작품이다. 여기에서 물은 어느 곳으로 가든지, 그 길이 얼마나 머나먼 지는 상관하지 않는다. 지나는 그 모든 곳을 채워놓으며 그저 흘러가는 것이다. 그렇게 흘러가다가 창해蒼海에 이르러서야 비로소 멈추는 물을 보면서 자신이 가야 할 길도 그리해야 할 것이라는 다짐이 엿보인다.

이렇게 수신의 길을 찾으면서 함께 힘써야 할 부분이 있다. 학문이 그것이다.

> ⑰ 깁회를 모ᄅᆞ거니 ᄀᆞ인들 어이 알리
> 만경 창낭이 텬디간의 ᄲᅡ혀시니
> 언제야 져 믈결 기두려 ᄉᆞ히 셩젼 ᄡᅡ얼고 (596)

이 작품은 권섭權燮이 지은 〈십육영十六詠〉 중 제8수인 '해海'라는 부제의 작품이다. 지자智者는 요수樂水라 하였다. 지혜로운 자가 물을 사랑하는 까닭은 물의 품성이 학문을 쌓는 것과 일맥상통한 부분이 있어서이다. 학문은 바다처럼 넓고 깊은 경지에 이르러야 하며, 천지간의 조화를 꿰뚫어 볼 수 있는 경지에 이르러야 비로소 성취되었다고 말할 수 있는 것이다. 따라서 지금 작자는 성전聖典을 쌓아 두고 그 경지를 향해 한걸음씩 다가서고 있는 과정에 놓여 있다고 볼 수 있겠다.

4. 나오며

이 글은 고시조에 구현된 '물[水]'의 정서가 어떠한 것인지, 그리고 그것이 시조를 통해 구현되었을 때 그 심상의 표출은 어떠한 양상과 의미를 가지는지 논구하는 것을 목적으로 삼았다. 그리하여 우선 우리 시가에 내재된 물의 정서는 어떠한 모습인지를 알아보았다. 그리고 '경계'와 '수신'을 중심으로 그 심상의 표출 양상과 의미가 무엇이었는지를 논구하고자 하였다.

그것은 사적 영역에서 만남과 헤어짐의 마주침이었고, 공적 영역에서 군자의 길을 찾아가는 것이었다고 할 수 있겠다. 다시 말해서 물은 사적 영역에서는 사랑과 이별을 마주하게 하는 경계의 정서를 표출하며, 공적 영역에 있어서는 군자의 길을 찾는 과정 혹은 방도에서 수신의 중요한 매개물이 되고 있음을 확인할 수 있었다.

물은 〈공무도하가〉를 시작으로 전통적으로 '경계'의 정서를 가진다. 여기에서 경계란 만남 혹은 헤어짐의 지점을 뜻한다. 그것은 곧 사랑이며, 사랑은 마음과 마음의 경계 속에서 행해지는 만남 혹은 헤어짐과의 마주침이라고 할 수 있다. 따라서 이때의 경계는 순전히 '사적 영역'에 속한다고 할 수 있다.

그러나 유학이 국가의 근간이 되었던 시점부터 물은 또 다른 정서를 대변하게 되었다. 시조의 주 향유층이었던 이들의 사상적 근원은 유학이었다. 따라서 시조는 이러한 사상과 무관할 수 없었으며, 시조에 구현된 '물'의 정서 또한 이러한 사상에서 벗어날 수 없었다. 이때부터 물이 가진 '부단不斷', '항상恒常'과 같은 특성은 선비들의 생각을 대변할 수 있는 매개체가 되었다. 따라서 물은 곧 '수신修身'의 매개체가 되었고, 이는 '공적 영역'에서 행해질 수밖에 없었던 것이다.

시조에 나타난 국화[菊]의 심상

1. 들어가며

국화는 늦가을에 찬 서리를 맞으면서도 은근히 그리고 기품 있게 피어나는 꽃이다. 이러한 모습에서 예로부터 국화는 절개를 지키며 속세를 떠나 고고하게 살아가는 은자隱者에 즐겨 비유되곤 하였다. 중국의 대표적인 은자라 꼽히는 동진東晋의 도연명陶淵明(356~427)이 국화와 관련한 수많은 시를 지으면서부터[1] 국화는 은일지사隱逸之士의 상징이 되었으며, 당唐의 원진元稹(779~831)은 그의 시 〈국화菊花〉[2]에서 도연명과 국화를 합일화合一化하여 읊기도 하였다. 북송北宋의 주돈이周敦頤(1017~1073) 또한 그의 〈애련설愛蓮說〉에서 '국화를 일러 꽃 중의 은일자'[3]라고 표현한 바도 있다.

국화가 가지고 있던 이러한 상징은 우리 문인들의 문학에 있어서도 빠질 수 없는 심상이 되었으며, 특히 중국 당, 송의 영향을 많이 받았던 조선시대 문인들의 시가문학에는 이러한 경향이 더욱 심화되었다고 할 수 있다. 이황李滉(1501~1570)은 능운대를 둘러 싼 들국화를 보며, 그 풍경이 매우 사랑스러운 나머지 집마저

옮기고 싶다고 표현한 〈독심능운대獨尋凌雲臺〉라는 시를 남겼으며, 정철鄭澈(1536~1593) 또한 그 유명한 〈함흥객관대咸興客館對菊〉이라는 시를 남긴 바 있다. 이덕무李德懋(1741~1793) 역시 도연명의 흥취에 기대어 〈만추晚秋〉라는 시에서 국화를 읊었으며, 김정희金正喜(1786~1856)는 국화를 선승禪僧의 모습에 비유하여 〈중양황국重陽黃菊〉이라는 시를 짓기도 하였다.

나아가 우리 "전통문화에서의 국화는 '국유걸사지풍菊有杰士之風'이라 하여 호걸의 풍모를 지닌 것으로 표상되어 일명 절화節花, 녀절女節, 녀화女華, 녀경女莖, 갱생更生, 음성陰成이라"[4] 이르기도 하였다. 이는 모두 국화가 가진 고고한 절개를 표상하는 이름에 다름 아닌 것이다.

이 글에서는 이러한 국화의 모습을 제재로 사용한 우리 문학의 여러 장르 중 특히 시조에 나타난 국화의 심상에 대하여 그 형상과 상징을 고찰하고자 한다. 이를 위해 국화 관련 시조 41수[5]를 본 연구의 대상으로 삼는다. 물론 이에 대해 기왕에 연구된 바가 없지는 않으나, 그 양과 질에 있어 미진한 감이 없지 않은 것도 사실이다. 이러한 사실에 주목하여 필자는 우리 시조 문학에 나타난 국화의 형상을 분류해보고, 여기에 더해 그 심상을 천착해봄으로써 국화 시조에 대한 나름의 의의를 찾고자 하는 것이다.

이를 위해 박을수 편저, 『한국시조대사전韓國時調大事典』에 수록된 시조 작품을 연구의 주 대본으로 삼되, 그 범위에 있어 개화기 이후의 시조는 제외하기로 한다.

2. 우리 문학에 나타난 국화의 형상

우리 문학에서 '국화'는 비교적 다양한 장르에서 그 소재와 제재로 사용되곤 하였다. 특히, 한시에서는 일일이 열거할 수 없을 만큼 많은 시인들의 사랑을 받았음은 주지의 사실이다. 또한 국화가 전래된 바로 이후 시대라고 할 수 있는 고려시대의 고려속요에도 그 모습이 나타나고 있음을 볼 수 있다. 많은 작품은 아니지만 조선시대의 가사에서도 역시 국화의 모습을 볼 수 있다. 이는 고래古來로부터 국화가 우리 시인묵객들의 친근한 시재詩材였음을 알 수 있게 하는 반증이라고도 하겠다.

다음은 고려속요에 나타난 국화의 모습이다.

> 九月 九日애 아으 藥이라 먹논 黃花
> 고지 안해 드니 새셔 ㄱ만하얘라
> 아으 動動다리

이 작품은 〈동동動動〉의 9월령이다. 9월 9일에 피는 황화黃花는 물론 국화菊花이다. 그런데 이 국화를 '藥이라 먹논'다고 하였다. 다시 말해 민간[6]에서는 이미 국화를 약용하였을 만큼 이 꽃에 대해 잘 알고 있었다는 사실이 주목된다. 이 뿐만 아니라 다음 구에는 '고지 안해 드니 새셔 ㄱ만하얘라'라고 하여 꽃이 집안에 피니 초가집이 초라하다고 표현한다. 여기에서 '새셔'는 띠집, 즉 초가

집으로, 'ᄀ만하얘라'는 고요하거나 한적하다는 뜻으로 보통 새긴다. 즉, 자신이 사는 띠집이 초라할 만큼 노란 국화꽃이 만발한 모습을 형상화하면서 중양절의 풍취까지 담고 있음을 볼 수 있는 것이다.

다음 작품은 고려 말의 문인 목은牧隱 이색李穡(1328～1396)의 한시이다.

인정이 어찌 무정물과 같을까	人情那似物無情
근래 부딪치는 곳마다 점점 불평이 많아지네	觸境年來漸不平
우연히 東籬를 향하니 얼굴 가득 부끄러움만	偶向東籬羞滿面
참 국화를 거짓 연명이 대하노니	眞黃花對僞淵明

〈對菊有感〉[7]

이 시를 보면 지은이는 진정한 절개자요 은일자만이 노란 국화를 대할 수 있으련만, 아직은 그러한 경지에 있어 보지도 못함을 불평하고 있다. 나아가 동리東籬의 국화를 대하게 된 자신의 부끄러움에 대해 읊은 작품이라고도 할 수 있을 것이다. 은일자라면 응당 부딪치는 일도 없어야 하겠거니와, 인정人情과 무정물無情物이 모두 하나의 모습이어야 할 것이다. 그러나 그렇게 느끼지 못하는 자신을 되돌아보면서 도연명을 떠올리는 것은 지은이 자신이 앞으로 추구해야할 삶의 방향을 스스로 제시한 것이라고도 볼 수 있겠다.

다음 조선시대의 대표적 문인 중의 한 사람이라고 할 수 있는 송강松江 정철鄭澈의 한시이다.

가을 다한 변방에 철 기러기 애달픈데　　秋盡關河候雁哀
돌아갈 날 생각하며 망향대에 오르네　　思歸日上望鄕臺
함산의 시월 국화는 은근도 하구나　　慇懃十月咸山菊
중양절 위함이 아닌 나그네 위해 피었는가　　不爲重陽爲客開
〈咸興客館對菊〉[8]

이 작품에서 '국화'는 곧 '나그네'로 표현된 지은이 자신의 모습이다. 아마 지은이는 임금 계신 곳을 떠나 멀리 함산에 머물면서 조정으로부터 날아올 소식을 기다리고 있었을 것이다. 그러나 기다리던 소식은 오지 않고 세월은 흘러 이미 시월 초겨울이 되어버렸다. 그러다가 문득 다 저버린 국화꽃 무더기 속에서 '은근'하고 '끈기'있게 피어 있는 국화 한 송이를 보게 된 것이라. 마치 함산에서 홀로 절개를 지키며 임의 소식을 기다리는 자신의 처지와 흡사함에 시인은 절로 국화를 노래했던 것이다.

다음은 국화를 노래한 가사 작품이다. 현전하는 가사 작품 중 국화를 소재로 한 작품은 찾아보기가 매우 어려운 편이라고 할 수 있다. 아래에 소개하는 이 작품 역시 근대 이후에야 비로소 지어진 작품으로, 총 44구로 이루어진 단편 가사이다.

절ᄀᆡ롭다　져국화야　　신긔롭다　져국화야
락목한텬　쇼슬ᄒᆞᆫ데　　너만홀노　피엿고나

허다화초 만컨만은 너를특히 ᄉᆞ랑키는
리화도화 란만ᄒᆞ고 록음방초 번화ᄒᆞ야
구십츈광 조흔ᄯᆡ를 뜻이업시 다바리고
륙원염텬 풍우즁에 깁히든잠 ᄭᆡ쳐나셔
만년부귀 셩ᄒᆞᆫ긔운 지지엽엽 번셩타가
고인갓흔 말근바람 츄월졍신 ᄯᅴ고있셔
신톄가 강건ᄒᆞ고 심긔가 쳥상ᄒᆞᄆᆡ
황금빅금 봉ᄒᆞᆫ다시 봉지봉지 견봉ᄒᆞ여
머리우에 이고셔셔 ᄯᅥ오기를 고ᄃᆡ타가
반갑도다 즁양가졀 긔약맛쳐 도라오니
아담ᄒᆞ다 져국화야 향긔롭다 져국화야
아름다온 놉흔졀ᄀᆡ 령샹량로 가쇼롭다
가득ᄒᆞ게 싯분마음 비헐곳이 젼혀업다
각식화초 사랑턴즁 네가홀노 뎨일이라
옥화분에 고히옴겨 협실즁에 졍히두고
들며보고 나며보고 무궁무진 ᄉᆞ랑터니
류슈갓치 가는광음 구츄가졀 다지ᄂᆡ고
초동셜한 밍렬키로 극진히 호지ᄒᆞ야
남창젼에 안배ᄒᆞ나 담담ᄒᆞ든 고흔ᄐᆡ도
나날이 감쇠키로 늘근쥬인 비겨보면
인로화 역로로다

〈국화〉

위는 최송설당崔松雪堂(1855~1939)이 지은 가사 작품으로, 1922년에 간행된 석활자본『송설당집松雪堂集』에 실려 있으며, 국화의 미덕을 예찬하는 내용으로 이루어져 있다. 나아가, 초겨울의 추운

날씨에 점점 시들어 가는 국화의 모습을 안타까워하는 화자의 심정을 읊은 것[9]이라고도 할 수 있다.

또한 송설당의 생애와 비교하면 이 작품은 '여절女節'을 상징하는 작품이 되기도 한다. "송설당은 조상이 홍경래의 난에 연루된 혐의로 집안이 몰락하자 가문을 일으키고자 노력 끝에 불명예의 멍에를 벗는데 성공했다."[10]고 한다. 그녀는 이 작품에서 자신의 생애를 국화의 절개에 비유하여 직접적으로 표현하였던 것이다. 수많은 가사 작품 중 이처럼 국화를 제재로 한 작품은 송설당의 그것 이외에는 좀처럼 찾아보기 힘든 것도 이 작품의 의의 중 하나라고 할 수 있겠다.

이상에서 보는 것처럼 국화는 우리 문학의 다양한 장르 속에서 그 형상을 펼쳐 보였다고 할 수 있다. 특히 한시의 경우, 국화는 수많은 시인묵객들의 사랑을 받던 특별한 제재였음은 이미 주지의 사실이다. 본고에서 다루고자 하는 시조 장르에서도 이는 마찬가지다. 비교적 짧은 내용과 형식에 우리말을 표현 수단으로 삼는 시조라는 장르의 특성상 국화는 다른 여타의 장르에서 표현된 형상보다 훨씬 다양한 모습으로 형상되고 있음을 여러 작품을 통해 더불어 살필 수 있는 것이다. 이제 다음 장에서 국화의 이러한 형상에 대해 몇 가지 특징을 기준으로 살펴보기로 한다.

3. 시조에 나타난 국화의 심상

3.1 오상고절傲霜孤節의 상징

세찬 바람과 찬 서리에도 굴하지 않고 꼿꼿이 절개를 지키는 국화는 우리 시조에서 이미 친숙한 존재였다. 절개를 논하고 충의를 읊는 자리에서 국화는 거의 빠지는 법이 없었기 때문이다. 국화는 또한 임금과 신하 사이에 지켜져야 할 충忠과 신信의 매개 역할을 하기도 하였다. 다시 말해 우리 문학에서 국화는 절개의 상징이자 충신의 표상으로 표현되기도 하였던 것이다. 다음 시조를 보자.

> 風霜이 섯거친 날의 又 피은 黃菊花를
> 金盆에 ᄀ득 담아 玉堂의 보닉오니
> 桃李야 곳인 쳬 마라 님의 뜻을 알괘라[11]

이 작품은 면앙정俛仰亭 송순宋純(1493~1582)의 〈자상특상황국옥당가自上特賜黃菊玉堂歌〉이다. 『면앙집俛仰集』에는 '風霜交撲之日夜兮盡情開兮黃菊花銀盤兮折而盛玉堂兮送貽桃李毋以稱花兮君之意兮可知'라고 한역되어 전하고 있으며, 일명 〈황국화가黃菊花歌〉라 불리기도 한다. 이 작품에는 더불어 전하는 유래가 있다.

명종이 어원황국御苑黃菊을 꺾어 옥당관에게 내리시고 노래를 지으라 하시었다. 옥당관은 창졸히 짓지 못하고 면앙정에게 이 노래를 빌어 바쳤다. 명종이 보시다가 대단히 기뻐하시며 누가 지었느냐 하시었다. 옥당관은 숨길 수 없어 사실대로 아뢰니 크게 상을 주시었다.[12]

명종이 궁궐 정원에 핀 황국을 꺾어 옥당관에 하사한 이유는 무엇이었을까? 단순히 풍류의 멋을 드러내고자 함은 아니었을 것이다. 그것도 고고한 절개를 상징하는 국화를 하사한 것은 신하들도 국화의 절개를 따르라는 암묵적인 의미였을 것이다. 그런 이유로 면앙정의 이 작품을 대하였을 때 명종은 자신의 뜻을 알아차린 그에게 큰 상을 내렸던 것이다.

"'바람과 서리가 뒤섞어 치는 어려운 때'일수록 올곧은 신하를 바라는 게 임금의 마음일 터이요, 저러한 난국일수록 신하들은 부박하거나 개인적인 영화를 버리고 오직 한마음으로 임금(나라)을 받들어 일해야 함이 신하의 마음일 터이다. 이 두 마음이 하나 되어 이 작품은 이루어진 것이다."[13] 이는 당시의 임금과 신하 사이에서 국화는 충신을 표상하기도 하였다는 좋은 예가 될 것이다.

이러한 국화의 모습은 다음 일련의 시조에도 보인다.

寒食 비 긴 後에 菊花 움이 반가왜라
곳도 보려니와 日日新 더 죠홰라
風霜이 섯거 치면 君子節을 픠온다 (4523)[14]

일 심거 느지 퓌니 君子의 德이로다
風霜에 아니 지니 烈士의 節이로다
世上에 陶淵明 업스니 뉘라 너를 닐니오 (3438)[15]

첫 번째 시조는 김수장金壽長(1609~?)이 지은 것으로, 한식寒食이 막 지난 어느 비 개인 봄날, 살포시 돋아나는 국화의 싹을 보면서 노래한 작품이다. 때는 아직 봄이기에 국화가 피기까지는 요원할 터인데도 마냥 기쁘고 설레며 기다리는 즐거움이 묻어난다. 작자에게는 지금 비록 싹이 보일 뿐이지만 날이 갈수록 새로워질 국화의 자태가 좋을 것이고, 마침내 풍상이 섞어 치는 계절이 돌아오면 노란 꽃, 즉 군자절君子節을 피워낼 것이기에 더욱 좋은 것이다.

다음의 시조는 여말선초麗末鮮初의 문인인 이헌怡軒 성여완成汝完(1309~1397)의 작품이다. 마치 위魏나라 종회鍾會(225~264)의 〈국화부菊花賦〉 중 일부인 "일찍 심어 늦게 피는 것은 군자의 덕"이라는 구절을 원용하여 펼쳐놓은 듯한 느낌을 주는 작품이다. "국화는 춘삼월 호시절에 백화가 쟁발爭發하는 시절을 피해서 느지막하게 구·시월에 피니 이는 마치 군자와 같은 덕이 있고, 풍상에도 지지 않고 오연傲然히 피어 있는 것은 마치 열사의 절개와 같으나 지금에 술에다 국화 꽃잎을 띄워서 그대로 마실 정도로 국화를 혹호酷好한 도연명이 없어 국화의 오상고절을 알아 줄 사람이 없음을 한恨하고 있다."[16]고 평가되는 작품이기도 하다. 또한 "국화가 군자의 절의의 표상임을 직접 화법으로 노래한 최초의 시"이자, "절의가 없는 군자가 있을 수 없고, 명리를 다투는 은사가 있을 수 없음을 천명한"17 작품이라고도 하겠다.

이들 작품은 모두 갖가지 꽃들이 다투어 피는 봄이나 녹음 푸르러지는 여름을 피하여 가을 서리를 맞으며 홀로 피는 국화의 꿋꿋한 기개를 찬양하였다 해도 무방할 것이다. 이는 곧 신하들로 하여금 봄과 여름 부산하게 피어나는 꽃들처럼 가벼이 처신하지 말고, 홀로 떨어져 있더라도 그 절개를 다하라고 맹세하게 하는 다짐으로도 다가온다.

> 東籬의 傲霜花는 禁醉 鶴翎 휘들어다
> 酒中仙 陶淵明의 놉흔 벗이 네로고나
> 우리도 聖恩을 갑파든 너를 좃차 놀리라 (1261)

이 작품은 김진태金振泰가 지은 시조로, 도연명의 은일함을 예로 들어 지은이 역시 이를 따르고자 읊은 노래이다. 그러나 이 노래에는 단순히 은일함만을 따르고자 함이 아닌 그 '놉흔' 무엇인가를 따르고자 함이 내재되어 있다. 다시 말해, 은일과 절개는 모두 자신의 모습이나 이러한 모습이 자신에게서 끝나는 것이 아닌 더 '놉흔' 곳으로 가야한다는 것이다. 결국 '성은聖恩'으로 표현되는 충의忠義에 다름 아닌 것이다.

국화는 또한 은일자隱逸者의 표상이 되기도 하였다.

陶處士 籬下 菊이 花中 隱逸 네로고나
金天旺 氣氣稟賦ᄒᆞ야 中央 正色 風來로다
아모리 九秋 霜風이나 너는 엇지 못ᄒᆞ리라 (1230)

이 시조는 조황趙榥이 지은 〈주로원격양가酒老園擊壤歌〉 30수 중 22번 째 수와 거의 동일한 작품으로, 『삼죽이본三竹異本』에 실려 있다. 이 작품 역시 은일자로서의 도연명과 그의 국화를 노래한다. '꽃 중의 은일'이요, '기품 있는 풍채'로 어떠한 난관에도 굴하지 않는 은일자의 모습을 표현하고 있는 것이다. 즉, 절개와 기품을 국화에 비유하면서도 특히 은일한 군자에게서 풍겨나는 그 면모를 더욱 표현하고 싶었음이다.

3.2 계절 흥취의 표상

가을이라는 계절과 관련하여 국화는 '중양화重陽花'라고 불리기도 한다. '중양重陽'은 '중구重九'라 이르기도 하는데, 이 날은 음력으로 9월 9일을 뜻한다. 양陽의 기운이 거듭되어 최고조에 이르는 날이다. 다시 말해 중구重九는 9가 겹쳤다는 뜻이겠고, 중양重陽은 양이 겹쳤다는 뜻이겠다.

뿐만 아니라 중양절과 관계되는 것으로 '구화九花'라는 명칭도 있다. 원래 '구九'는 기수奇數의 한 자리 숫자 가운데 가장 큰 숫자다. 이 구九는 특별한 자리의 양수로 취급되어 연기緣起가 무궁한 숫자로 인식되어 있다. 전통적으로 중국에서는 천하를 9주, 9경, 9품 등으로 구분하기를 좋아하는 정서에서 또 하나의 의칭이 생긴 것이다.[18]

국화는 이날을 전후하여 가장 화려하게 꽃을 피운다. 그래서 이 날이 되면 수많은 시인묵객들이 교외로 나가 풍국楓菊 놀이를 즐기기도 하였는데, 이때 술잔에 황국黃菊을 띄워 마시며 시를 읊거나 그림을 그리면서 하루를 즐겼던 것이다.

> 구월 구일 오날인가 홍안닋빈ᄒᆞ는구나
> 나무나무 단풍이요 ᄯᅧᆯ기 ᄯᅧᆯ기 황국이라
> 아마도 농샨낙모난 ᄆᆡᆼ참군인가[19]

위는 이세보李世輔(1832~1895)의 작품이다. 기러기가 떼를 지어 날아오는 오늘이 바로 9월 9일 중양절, 나무마다 단풍은 물들어 있고, 황국은 떨기떨기 아름다운 그런 날이다. 이런 날 잔치를 베풀어 어찌 그 흥취를 나눌 수 없겠느냐는 말을 맹참군孟參軍의 용산낙모龍山落帽의 고사에 비유하여 노래한 작품이라고 할 수 있을 것이다.

맹참군은 맹가孟嘉를 말하는데, 재주가 뛰어나 환온桓溫의 참군參軍이 되어 매우 귀한 대접을 받았다고 한다. 그런 까닭에 환온이 9월 9일 용산에서 그를 위해 잔치를 베풀었는데, 갑자기 바람이 불어 맹가의 모자가 날아가 버렸다. 그런데도 맹가가 이를 알지 못하자, 환온이 손성孫盛에게 명하여 맹가를 조롱하는 글을 짓게 하였고, 이를 본 맹가가 즉시 이에 회답하였다고 하는데, 이때 맹가의 문장이 매우 아름다웠다고 전한다.[20] 이세보는 이러한 흥취를 자신의 작품 속에 담아 똑같은 감흥을 표현하고자 하였던 것이다.

> 窓 밧긔 픠온 菊花 어제 퓐다 그제 퓐다
> 나 보고 반겨 퓐다 九月이라 미처 퓐다
> 아희야 盞 가득 부어라 띄워 두고 보리라 (3841)

이 작품에서는 지은이가 국화를 마치 친구처럼 대하는 듯한 느낌을 준다. 며칠 전부터 피기 시작하던 국화꽃을 보고 있노라니 '유붕有朋이 자원방래自遠方來하니 불역락호不亦樂乎'의 감흥을 미처 내칠 수 없는 것이다. 담아둔 국화주菊花酒가 있으면 더할 나위 없이 좋은 흥취를 즐기겠지만, 아쉬운 대로 갓 핀 국화 꽃잎을 따다가 술잔에라도 띄워 두고 보려는 지은이의 감흥이 느껴지는 작품이라고 하겠다.

"옛날의 한 선비는 휘영청 달 밝은 밤, 때맞추어 청할 벗들도 마땅치 않으면, 국화분을 방안으로 들여놓고, 홀로 술잔을 기울였다고 한다. 거기 곁들인 이야기가 멋스럽다. 그 국화분 앞에서 꽃송이마다에게, '그대 한 잔, 나 한 잔, 저 달도 한 잔' 하는 식으로 술잔을 기울이다가 취하면 그 국화분 옆에 쓰러져 잠들곤 하였다는 이야기"[21]도 있었다고 한다. 국화가 우리 선비들에게는 곧 친구 같은 존재가 되었던 것이다.

> 하로밤 가을 서리에 滿山 紅綠이 쏫인지 입인지 알 수가 업네다
> 東園에 솟는 달은 一年中 第一이요 碧波에 피인 구름 비단의 紋彩인지 고기 비눌인지 알 수가 업네
> 童子야 菊花酒 만이 걸너라 六角亭 오신 친구 차례로 모시여라 長醉不醒 (4462)

지난 밤 내린 가을 서리에 산 가득 단풍이 들어 도대체 꽃인지 잎인지 알 수 없을 정도로 경치 좋은 어느 가을 날 밤이다. 동쪽 정원 위로 떠오르는 달은 맑은 가을밤만큼이나 아름답고, 저 멀리 펼쳐진 물안개 또한 선경仙境에 가깝다. 이런 날 멀리서 친구들 찾아오니 어찌 그냥 보낼 수 있겠는가. 작년 이맘께 담가 두었던 국화주를 거르고, 취흥을 나누는 장면이 선연하게 펼쳐지는 작품이라고 할 수 있겠다.

여기에서 종장에 보이는 '육각정六角亭 오신 친구'는 중의적으로 읽히고 있음을 알 수 있을 것이다. 실제로 지은이를 찾아온 친구들일 수도 있고, 아니면 동원東園의 담장 아래 무리지어 피어나는 국화가 될 수도 있다. 그러나 그 친구가 누구이건 무엇이건 지은이에게 정작 중요한 것은 이 계절의 흥취를 함께 할 수 있는 존재가 바로 곁에 있다는 사실일 것이다.

窓 밧긔 菊花를 심거 菊花 밋틔 술을 비져 두니
술 닉자 菊花 픠자 벗님 오자 돌 도다 온다
아희야 거믄고 청쳐라 밤 새도록 놀리라 (3835)

울 밋헤 퓌여진 菊花 黃金色을 펼치온 듯
山 넘어 돗는 달은 時興을 모라 도다 온다
兒禧야 盞 가득 부어라 醉코 놀녀 ᄒᆞ노라 (3117)

위의 두 작품을 보면 공통적으로 언급되는 소재가 바로 계절의 상징으로서의 '국화'와 흥취의 매개로서의 '달'과 '술'이라고 할 수 있다. 그런 까닭에 "계절이 주제인지 국화나 술이 주제인지 혼란을 일으킬 수밖에 없다."[22]고도 볼 수 있다. 그러나 이 작품들의 주제를 국화나 술로 보아야만 하는 것은 지은이의 작시 의도와는 어긋남이 있다고 여겨진다. 왜냐하면 '국화'나 '술'은 주제가 아니라 계절적 흥취를 표현하기 위한 주된 소재, 즉 제재로 보아야 하기 때문이다. 결국 이들 작품에서 말하고자 하는 바는 지은이 자신의 계절적 감흥과 개인적 취락의 표현에 있다고 볼 수 있겠다.

3.3 기타 ; 여절女節/종말終末

국화는 우리 전통 문화에서 여인의 절개를 상징하기도 하였다. 조선 시대 여인의 필수 패물 중에 하나였던 가락지에 이의 표상이 내재되어 있다. 특히 이 시기 "은가락지에는 국화문이 음각되어 있고, 파란 반지에는 육모에 국화꽃이 양각되어 있는 것과, 겹 국화에 진주 하심이 박혀 있는 것이 있다. 가락지는 예부터 마음을 담는 장식품으로서, 국화 문양은 남녀의 애정에 대한 믿음과 절개의 불변함을 약속하는 정표"[23]가 되었던 것이다.

국화는 때로 우리 문학에서 여인들에 비유되기도 하였다. 이에 대해서는 조위曺偉(1454~1503)의 가사 작품 〈만분가萬憤歌〉에서도 그 흔적을 찾아볼 수 있다.

(상략)
북풍에 혼자 서서 가없이 우는 뜻을
하늘같은 우리 임이 전혀 아니 살피시니
木蘭秋菊에 향기로운 탓이런가
捷伃昭君이 발명한 몸이런가
(하략)

〈만분가〉는 임을 잃은 여성을 서정적 자아로 설정하여 충신연군지사를 읊고 있는 작품이라고 할 수 있다. 즉, 유배를 당하게 된 현실에 대한 발분의 정서를 여성의 서정을 빌어 표현한 유배가사이다. 따라서 이 작품에 나오는 '목란추국木蘭秋菊'은 작품의 내용상 시적 화자, 즉 한 여성을 상징하는 시구라고 볼 수 있다. 그렇기 때문에 이 구절은 '혹여 임께서 다른 여인을 사랑하는 것이 아닌가'라는 의구심의 표현에 다름 아닌 것이다. 연이어 이어지는 '첩여소군捷伃昭君'이라는 단어가 이를 뒷받침한다.

왕소군王昭君은 한나라 때의 사람으로 재주와 용모가 매우 뛰어났다고 알려진 여인이다. 한 원제의 명에 의해 흉노로 시집가던 중 날아가는 기러기 떼를 보고 임 생각에 비파를 탔더니, 날아가던 기러기들도 그 소리에 나는 것을 잊고 땅에 떨어졌다는 이야기는 그녀가 '낙안落雁'이라는 별명을 얻었을 만큼 유명하다. 작자는 이러한 왕소군의 이야기를 꺼냄으로써 시적 화자의 심정을 더욱 절실하게 드러내고 있는 것이다.

이런 까닭에 옛 선인들은 국화를 '여절女節', '여화女華', '여경女莖' 등으로 일컫기도 하였다. 그러나 실제 우리 시조 문학에서는 이에 대한 직접적인 표현을 찾아보기가 매우 힘든 편이라고 할 수 있다. 단지 국화가 지닌 절개의 품성이 한 여성으로서 일부종사하는 우리 여성들의 품성 혹은 임과의 사랑을 지키려는 지조의 품성과 닮아 있다는 추측으로 이러한 용어들을 이해할 수는 있을 것이다.

다음은 회연會淵의 작품이다.

> 秋月이 滿庭ᄒᆞᆫ듸 菊花ᄂᆞᆫ 有意로다
> 香梅花 一枝心은 날 못 이져 픠ᄂᆞᆫ고나
> 아마도 傲霜 高節은 너 뿐인가 ᄒᆞ노라 (4190)

이 작품은 오상고절傲霜高節의 국화를 말하고자 할 때 흔히 인용하는 시조 중 한 수이다. 이 작품에 대해 최승범은 '오상고절'의 주체를 '임'으로 보아 '너'와 '나'의 관계를 중심으로 해석한 바 있다. 즉, "가을달이 뜰 가득 밝은 밤, 뜰에 핀 국화꽃을 바라며 한 생각에 잠긴다(초장). 향그러운 매화 한 가지에 어린 임의 마음은 나를 못 잊어 피운 것이었다(중장). 그 임의 마음을 이 밤 뜰에 핀 국화꽃을 바라며 생각하게 된다. 나는 그동안 허랑하였는데, 임은 나를 위한 절개를 지키고 있으려니, '아마도 오상고절은 임뿐인가 싶다'는 생각이다(종장)."[24]라고 그 내용을 풀이하였다.

회연이 남긴 나머지 3수의 시조[25]들과의 연관성을 통해 살펴볼 때 이 같은 해석에 결코 무리가 없다고 보인다. 이런 까닭에 이 작품에 보이는 오상고절傲霜高節의 국화는 임을 생각하는 여성이 가진 절개, 즉 여절女節로 치환될 수 있을 것이다.

다음 작품은 국화가 여절女節의 표상이었음이 보다 분명하게 나타나는 경우이다.

> 白雲는 滿窮壑허니 孤松이 持立이라
> 누런 菊花 寒梅花는 守節ᄒᆞ넌 任의 態度로다
> 두어라 수심 설려 病 든 날을 (5582)

이 작품에서 화자는 '누런 국화菊花'가 대해 마치 수절守節하는 임의 태도와 닮아있다고 이야기한다. 아마도 지은이는 멀리 임을 보내놓고 마냥 기다리다 수심 끝에 병이라도 든 모양이다. 온산 골짜기마다 가득 차 있는 흰 구름처럼 화자의 심정도 그렇게 수심으로 가득한 것이다. 그러했기에 보이는 것에는 모두 외로움과 기다림이 묻어 있다. 홀로 서 있는 '고송孤松'이 그렇고, '누런 국화

菊花'도, '한매화寒梅花'도 모두 그런 마음이 투영된 무정물無情物인 것이다.

이러한 국화는 작품 속에서 때로 '종말終末' 혹은 '삶의 끝'을 대변하기도 하였다.

> 이제는 다 늙거다 므스거슬 늬 아든야
> 籬下의 黃菊이요 案上의 玄琴이로다
> 이中에 一卷 歌譜는 틈 업슨가 ᄒᆞ노라 (3333)

김수장의 이 시조는 국화가 종말에 대한 인식이요 개념이라는 점에서 의미가 있다고 하겠다. 이제는 다 늙었으니 무엇을 누가 알겠느냐만 울 밑에 핀 황국과 책상 위 거문고만큼은 아직 즐길 만큼 남아 있음을 보여주면서, '국화 = 종말'임을 간접적으로 이야기하고 있는 것이다. 이는 작품의 '일권 가보一卷 歌譜'라는 시구가 도연명의 〈귀거래사歸去來辭〉에 나오는 '歸去來兮 請息交以絶遊 世與我而相違 復駕言兮焉求 悅親戚之情話 樂琴書以消憂'라는 구절과도 관련되어 있다는 사실에서도 확인할 수 있다.[26]

더불어 윤영옥[27]은 보다 현상적이요 존재적인 감정상의 경험세계에서는 국화의 의미가 다르게 나타난다고 보았다. 즉 관념적인 경험세계가 아닌 존재적인 경험세계에서의 국화는 종말이자 허무로 나타난다고 본 것이다. 곧 '오상傲霜'은 의지적인 관념상의 인식이요 실제적인 현상은 아니라는 것이다. 다음 작품을 보자.

閣氏네 하 어슨 체 마쇼 고와로라 즈랑 마쇼
자네 집 뒷 東山에 山菊花를 못 보신가
九十月 된셔리 마즈면 검부남기 되느니 (77)

어느 집 처자가 스스로 곱노라 하며 잘난 체 꽤나 하였던 모양이다. 그러자 지은이는 충고라도 하는 양 뒤뜰의 피어있는 산국화를 보라고 한다. 지금은 저리 아름답게 피어 있지만, 시절이 다하면 꽃도 역시 다하여 한낱 땔나무감 외에 더 무엇이 되겠느냐는 것이다. 결국 이 작품에서 '산국화山菊花'가 '구시월九十月 된셔리'에 '검부남기' 즉 땔나무감이 되어 버린다는 것은 종말 그 자체를 의미한다고 볼 수 있겠다. "국화菊花와 풍상風霜의 대립對立에서는 언제나 풍상風霜이, 곧 죽음의 세력勢力이 승리勝利를 거두는 것"[28]에 다름 아닌 것이다.

국화의 이런 모습은 우리 시조 작품은 아니지만 민요에서는 비교적 자주 보인다고 할 수 있다. 서도 지방의 대표적인 민요라고 할 수 있는 〈배따라기〉와 강원도 정선 지방의 〈정선아리랑〉에는 '삶의 끝'과 '인생무상' 등의 의미가 절절히 배어 있어 국화가 가진 이러한 심상을 능히 추출할 수 있게 해주고 있다.

4. 나오며

이상의 논의에서 필자는 국화가 비교적 다양한 문화의 영역에서 그 소재와 제재로 사용되었음을 확인하였다. 특히, 문학의 영역에서는 일일이 열거할 수 없을 만큼 많은 시인들의 사랑을 받았는데, 이는 국화가 전래되었다고 말해지는 고려시대의 고려속요에서부터 한시에 이르기까지, 그리고 많은 작품은 아니지만 조선시대의 가사에까지 그 모습을 드러내고 있음을 살펴봄으로써 확인한 바 있다. 나아가 본고의 연구대상이 되었던 시조에서는 약 39수에 이르는 작품에서 국화가 주요 제재가 되었음을 논구하였다.

국화는 흔히 사군자四君子라 일컬어지는 식물 중의 하나이다. 그러나 매梅·난蘭·죽竹에 비해서는 상대적으로 우리 문화 영역에서 크게 두드러진 모습을 보이지는 않았다. 문인화文人畵의 경우에 이러한 편중 양상이 더욱 두드러지게 나타난다. 그러나 시적 영역, 특히 시조 장르에서는 이러한 양상이 반대로 나타난다. 국화는 매화와 더불어 우리 시인묵객들의 아주 친근한 제재가 되어왔던 것이다.

이러한 국화취재菊花取材 양상은 본 논의에서 살펴본 바대로 크게 세 가지의 모습으로 형상화되었음을 확인할 수 있었을 것이다. 오상고절傲霜孤節의 상징으로서의 국화와 계절 흥취의 표상으로서의 국화, 그리고 여절女節과 종말終末의 상징으로서의 국화의 면모가 바로 그것이다. 이중 대부분의 시인묵객들은 작품 속에서 계절 흥취의 표상으로서 국화를 다루었다. 이는 국화를 제재로 차용한 작품의 장르적 성격에 기인한 바가 크다고 볼 수 있다. 즉, 시조라는 장르 자체가 '창唱'과 관련하여 흥취적 성격을 다분히 가지고 있는 만큼, 이와 결합할 수 있는 장르적 특성이 국화가 가진 계절적 흥취와 부합하였기 때문이라고 볼 수 있을 것이다.

한국 선시에 나타난 소[牛]의 상징성

1. 들어가며

> 하늘이 땅이고 땅이 하늘이다. 산은 물이고 물은 산이다. 중이 속인이고 속인이 중이다. 이것을 이해하면 산은 산이고 물은 물이다. 중이 중이고 속인은 속인이다.[1]

위의 인용문은 수선修禪의 극치에서 나오는 말이라고 할 수 있다. 이에 대해 이종찬은 "일차적 반성反常은 끝내 정도正道로 회귀하려는 깨달음의 진통이다. 망아忘我가 아닌 성아省我이다. 잊어버림으로 끝나는 것이 아니라 가상假相에 매인 생각을 끊고 진아眞我인 실상으로 돌아오려는 것이다. 그것이 위에서 본 천수징청泉水澄淸으로 모든 망상妄想을 끊은 자리이고 실상實相을 찾은 것이 바로 월영月影이 돈현頓現인 것이다."[2]라고 설명한 바 있다.

이 글에서는 이러한 선 수행의 모습과 그 깨달음을 찾아가는 과정에서 제작된 선시 중에서 특히 '소[牛]'를 제재로 한 작품들을 선택하여 그 상징성과 의미를 궁구하고자 한다. 본래 불교에서 '소'는 '선禪의 실체'로 인식되어 왔다. 〈목우도牧牛圖〉나 〈심우송

尋牛頌〉, 〈십우송十牛頌〉 등이 이러한 인식을 보여주는 가장 대표적인 예가 될 수 있다. 이런 이유로 이들 작품류에 대한 연구는 비교적 활발히 이루어져왔다고 볼 수 있다.

그러나 기존의 이런 연구들[3]은 모두 작품 자체의 의미와 수행의 과정을 설명하고 찾아내려는 노력이었을 뿐, 작품에 내재된 제재의 상징을 찾아내려는 모습은 보이지 않았다. 이런 면에 주목하여 이 글에서는 제재 속에 내재된 상징을 찾아 그 양상을 분석해보고, 작시의 의도에 맞는 의미를 논구하고자 하는 것이다.

이 글의 연구 대상이 되는 작품 속에서 소는 우선 세 가지의 모습으로 나타난다. 첫 번째는 '가우假牛' 즉 '가짜 소'의 모습이며, 두 번째는 '흑우黑牛', 마지막은 '백우白牛'의 모습이 그것이다. 이들 소의 모습은 작품 속에서 그 상징하는 바가 모두 다르다고 볼 수 있다. 이러한 다름은 각각의 시가 가지는 의미가 서로 다를 수밖에 없음을 반증한다고 하겠으며, 작품을 통해 이러한 의미가 서로 어떤 면에서 다른 지 확인하는 것이 본고의 목적이다. 이를 위해 동국대학교 한국불교전서편찬위원회 편, 『한국불교전서』(동국대학교 출판부, 2002)[4] 내의 개별 문집을 본 연구의 주요 대본으로 삼는다.

2. 선禪의 상징으로서의 소의 의미

예부터 소는 법신法身, 진여眞如, 불성佛性, 각체覺體, 본심本心,

마음[心], 참사람[眞人], 본래면목本來面目, 한 손바닥의 소리, 없음[無], 본체, 실재, 절대 등 불교학적, 선적, 철학적으로 다양한 표현이 주어지고 있지만, 실제로는 어떠한 문자나 표현을 가지고도 쉽게 개념화할 수 없는 마음소[心牛]이다. 즉, 현상에 대해 실재로도 보이고, 나에 대해 무아無我로도 보이고, 현실의 자기에 대해 이상理想의 자기로도 보이는 신령한 소[5]로서, 선禪의 극명한 상징이 되어 왔던 것이다.

김운학은 또한 불교에서 언급되는 소에 대해 다음과 같이 말한 바 있다.

> 불교에서 더욱 이 소에 대한 관계를 밀접하게 하고 있는 것도 이 소가 인간에게 가장 성실하고 중요하기 때문이다. 소를 찾고 소를 기르는 일은 곧 자기를 찾고 자기를 기르는 일이며 이것은 곧 그만큼 인간의 생활과 인간의 性品 자체에 밀착되어 있기 때문이다.
>
> 소의 성품은 온순하며 순진하다. 이 순진하고 온순한 성품이 인간의 성품이다. 經典에 放牛經이며 阿含經·放牛品 등이 있고 여기 主題가 되는 十牛頌·牧牛頌 등이 있는 것도 이 소의 상징이 인간의 마음과 직결되기 때문이다.
>
> 마음은 곧 純白한 純眞한 것이 자연을 따라 분별을 따라 奔放히 돌아다니는 것으로 흡사 소와 같이 본래는 온순한 동물이지만 자연을 좋아하는 草食動物이 되어 먹을 것을 따라 마음대로 돌아다니는 것과 같은 것이다. 또한 그 다루는 방법도 사람이 길들이기에 따라 달라지는 것이다. 그러니 이 소는 우리 생명과 직결되는 원동력을 가지고 있으면서 우리 마음과도 흡사한 것임을 알 수 있다.[6]

그리고 도교에서는 소, 특히 거세되지 않은 숫소에 대해 길들여지지 않은 동물성을 뜻한다고 하였다. 즉, 훈련되지 않았을 때에는 위험하지만, 잘 길들이면 강한 힘을 이용할 수 있는 양면성을 가지는 것으로 보았다. 그리고 이 상징은 도교와 선불교의 〈십우도〉에서 잘 나타나는데, 처음에는 숫소의 몸이 검게 묘사되어 있음을 볼 수 있다. 그리고 차차 길들여지면서 흰색이 되고, 마지막에서는 천성적인 자질을 뛰어 넘어 숫소의 자태가 완전히 사라지게 되는 것[7]을 볼 수 있다.

이러한 소의 상징은 그것을 제재로 하는 시마다 각기 다른 양상과 의미로 보여질 수밖에 없을 것이다. 따라서 작품 속에 내재된 의미를 정확히 알아야만 원시의 명확한 이해가 가능해지는 것이다. 그러나 기존에 다루어졌던 〈십우도〉 혹은 〈목우도〉 관련 연구에서는 이러한 양상에 대한 정확한 해석이 부족하였고, 따라서 선의 상징으로서의 소의 모습은 단 하나일 수밖에 없었다.

아래의 그림[8]을 보자.

(1) 見牛 (2) 得牛 (3) 牧牛 (4) 騎牛歸家

이 그림들은 〈목우도〉에 나오는 열 장면 중 네 개의 장면이다. 먼저 (1)과 (2)의 그림은 소를 찾기 위해 헤매다 소의 자취를 발견하고 소를 붙잡기까지의 장면들을 나타낸 그림 중 일부이다. 소의 모습을 자세히 보면 검은 소, 즉 흑우黑牛의 형상으로 나타나 있다. 즉, 아직 길들여지지 않은 소의 모습을 검게 형상화한 것임을 알 수 있다.

반면 소를 길들여 타고 돌아오는 과정을 나타낸 (3)과 (4)의 그림에서 소는 하얗게 형상화되고 있음을 볼 수 있다. 즉 그림에서 백우白牛로 형상화된 소는 이미 붙잡은 소를 길들이는 과정에서 나타나고 있는 것이다.

이런 과정을 선의 수행과 연관 짓는다면, 흑우는 선의 혹독한 수행 과정을 상징하는 것이요, 백우는 이러한 수행 과정을 거쳐 깨달음에 이른 오도悟道의 과정을 상징한다는 것을 미루어 짐작할 수 있을 것이다. 이제 다음 장에서 이러한 소의 상징이 시에서는 어떠한 양상으로 형상화되는지 살펴보겠다.

3. 소의 형상화 양상과 상징성

불가佛家에서 소는 일반적으로 세 가지 모습으로 형상화되고 있다. 이 중 두 가지의 모습은 앞장에서 이미 살핀 바 있다. 흑우黑牛와 백우白牛의 형상이 그것이다. 이에 대해 시에서만 보이는 가우假牛의 형상을 더해 소의 모습은 세 가지로 형상화된다. 이제

이 세 가지의 형상이 어떠한 상징을 가지고 있는지 살펴보도록 한다.

3.1 참선궁구參禪窮究의 상징, 가우假牛

가우假牛는 말 그대로 '가짜 소' 혹은 '거짓 소'의 의미이다. 실존하는 동물로서의 소가 아닌 인위적으로 만들어진 소를 말함이다. 이런 소의 모습은 작품 속에서 주로 '진흙소[泥牛], 무쇠소[鐵牛], 나무소[木牛]' 등의 시어로 표현된다. 다음 시에 니우泥牛의 모습이 나타나 있다.

쇠망치 그림자 속에 허공은 찢겨 있고	金鎚影裏裂虛空
진흙소는 놀래서 바다 동쪽 건너가네	驚得泥牛過海東
산호와 밝은 달은 서로 차게 비추는데	珊瑚明月冷相照
예나 지금이나 세상은 한 웃음 사이네	今古乾坤一笑中

〈笑吟〉[9]

이 시는 작자 미상의 〈웃음소리를 읊음〉이라는 작품이다. 언뜻 보아도 '찢겨 있는 허공'은 상상하기 어렵고, '놀래어 바다 동쪽으로 건너가는 진흙소'를 상상하기란 더욱 어려운 일이다. 그러나 전구와 결구에서 표현된 바다 동쪽으로 건너 간 후 보이는 세상은 한 웃음 사이 안에서의 평온함 뿐이다. 이러한 평온함은 오도悟道의 경지에 이른 연후에야 얻을 수 있을 것인데, 그 경지에 이르기 위해 이 시에서는 '진흙소', 즉 '니우泥牛'를 수행의 방편이자 목적으로 삼고 있는 것이다.

결국 이 시는 수행에 정진하는 과정에서 한 순간 번득이는 그 찰나, 즉 '쇠망치 그림자 속에 허공이 찢겨지는' 그 찰나에 나타나는 진흙소를 잡아야한다는 가르침을 노래하고 있는 것이다.

물 위에 진흙소는 달빛 밭을 갈아엎고	水上泥牛耕月色
구름 속 나무말은 경치를 이끄네	雲中木馬掣風光
위음의 옛 곡조는 허공 속의 뼈다귀요	威音古調虛空骨
외로운 학의 일성 하늘 밖으로 이어지네	孤鶴一聲天外長

〈宗門曲 - 燕谷寺 逍遙殿 順治三年〉[10]

이 시는 소요태능逍遙太能(1592~1649)의 〈종문을 노래함〉이라는 작품이다. 여기서 종문宗門이란 태능 자신이 몸담고 있는 선문禪門 혹은 불문佛門의 뜻이라고 할 수 있다. 이런 이유로 이 작품은 선가의 정통성을 읊은 노래임을 알 수 있을 것이다. 또한 威音은 威音王佛, 즉 空劫 때에 맨 처음 성불한 부처님을 말하는 것으로, 여기서는 '한없이 오랜 옛적' 혹은 '처음'이라는 뜻으로 사용되었다.[11]

기구에 표현된 '니우泥牛'는 승구의 '목마木馬'와 함께 선심禪心 혹은 묘체妙諦의 상징으로 쓰였다. 현실에서 진흙소나 나무말은 분명 인위적으로 만들어, 보고 만질 수 있는 사물이기는 하다. 그러나 이 사물이 '~밭을 갈아엎고 / ~경치를 이끄는' 것은 불가능한 현상이다. 태능의 작품을 한 수 더 살펴보자.

뿔 없는 무쇠소가 허공에 올라	鐵牛無角陟虛空
삼천의 제석궁을 부수어 깨뜨리네	磕破三天帝釋宮
몸을 날려 염부계로 돌아와서는	翻身却下閻浮界
꼬리치고 머리 흔들며 눈 봉우리에 한 바람	擺尾搖頭雪嶺風

〈示彦法師〉[12]

〈언법사에게 보인다〉는 이 시에는 '무쇠소' 즉 철우鐵牛가 보인다. 이 무쇠소 역시 앞서의 '진흙소'와 마찬가지로 '~허공에 올라 / ~부수어 깨뜨리는' 행위는 불가능한 현상이 된다. 그러나 작자의 의도는 다음 시구에서 연속적으로 드러난다. 즉 '깨트리고는 다시 꼬리치고 머리 흔드는' 무쇠소가 상징하는 것이 바로 묘체에 이르는 길임을 말하고자 하는 것이다.

이는 선가에서 내려오는 선문답과도 관련이 있다. 『무문관無門關』 제21칙에 "한 스님이 운문에게 '부처가 무엇이냐'고 물었더니, '마른 똥막대기다'라고 대답하였다."[13]는 공안公案이 바로 그것이다. 부처가 산다는 제석궁에 올라 그곳을 깨트리는 것은 부처를 깨트리는 것과 마찬가지이니, 부처가 똥막대기인 것과 하등 다를 게 없다. 즉, 묘체에 다다르는 행위는 부처마저 부정하는 것이니, 묘체를 상징하는 소가 무쇠이건 진흙이건 상관이 없는 것이다. 오히려 부정함으로써 묘체에 이를 수 있다면 살아있는 현실의 소보다는 인위적으로 설정한 가우假牛가 훨씬 더 상징적일 수 있는 것이다.

다음은 이러한 상징이 보다 확실하게 드러난 경우의 시이다.

꿈속에서 찾던 고을 그 길을 따라	夢裏郤尋來時路
번화한 술집에서 방자히도 나무소를 탔는데	長安酒肆騎木牛
나무소는 변하여 봄바람 봄뜻 되어	木牛化作春風意
꽃 피우고 버들잎 열어 아름다운 구슬 되네	綻花開柳如琳球

〈雲山吟〉 중에서[14]

이 시는 〈운산에서 읊는다〉는 태고보우太古普愚(1301~1382)의 작품이다. 번잡한 시정에서 묘체를 찾으려는 정경이 보인다. 그러다가 우연히 묘체를 상징하는 나무소를 타게 되었고, 나무소가 곧 묘체임을 '아름다운 구슬'로 표현하였다.

수행자에게 있어 '꿈속에서 찾고자 하는' 그것이 묘체임은 두말할 나위가 없다. 다시 말해 수행자로서 언제 어디서든 찾고자하는 열망의 대상이 바로 묘체인데, 그러한 열망과는 달리 묘체는 '번화한 술집' 속에 있었다. 즉, 이 시에는 묘체가 멀리 있거나 눈에 보이지 않거나 들리지 않는 무용無容의 대상이 아니라, 바로 옆에서 언제든 잡을 수 있는 것, 자신의 마음속에서 언제든 찾을 수 있는 것이라는 작자의 의도가 숨겨져 있는 것이다.

이상의 작품들에서 공통적으로 나타나는 소의 모습은 '진흙소[泥牛], 무쇠소[鐵牛], 나무소[牧牛]'였다. 또한 이들이 상징하는 것은 바로 '묘체妙諦' 혹은 '선심禪心'임을 알 수 있었다. 수행자들에게 있어 궁극적인 목표는 바로 '묘체'를 찾는 것이기에, 그러한 묘체를 찾아가는 방법을 소의 모습을 빌어 안내해주고자 하는 작자의 의도가 숨어 있었던 것이다. 결과적으로 소를 제재로 하되, 가우假牛의 모습을 빌어 표현한 작품은 수행자들에게 수행의 방법을 제시하면서, 참선궁구參禪窮究하게 하는 '시법시示法詩'의 역할을 담당하고 있는 것이다.

3.2 수행정진修行精進의 상징, 흑우黑牛

흑우는 '검은 소'이다. 〈목우도〉 류의 선화禪畵에서는 주로 소의 자취를 발견한 이후 소를 찾아 소를 얻는 과정[15]에서 검게 형상화된 소가 나타난다. 이를 토대로 본다면 '검은 소'는 묘체 그 자체를 상징하는 것이 아닌 '묘체를 찾기 위한 수행의 방편'을 상징한다고 볼 수 있다. 그림이 아닌 시에서는 이러한 검은 소가 시어로서 직접적으로 표현되지는 않지만, 전체 작품의 의미상 그러한 내포를 찾아 볼 수는 있다.

다음 시는 원감국사圓鑑國師 충지冲止(1226~1292)의 〈야우송을 지어 동인에게 보인다〉라는 작품이다.

들소의 천성은 본래 길들이기 어렵나니	野牛天性本難馴
널따란 풀밭에서 제멋대로 뛰노는데	草細平田自在身
어찌하여 코끝에 매달린 고삐 있어	何意鼻端終有索
끌고 가고 끌고 오고 사람들 마음이네	牽來牽去摠由人

〈作野牛頌示同人〉[16]

이 시에서 충지는 들소의 천성이 아무리 드세고 길들이기 어렵다고 할지라도 반드시 사람들이 길들일 수 있는 방편이 있다고 하였다. 하물며 사람인들 도를 이루고자 수행에 나섰을 때 그 방편이 없을 리야 있겠느냐는 시이다. 단지 눈앞에 보이지 않는 고삐, 즉 보이지 않는 방편을 느껴 찾지 못하고 보이는 것만 찾으려 하는 자세를 경계한 시라고도 할 수 있겠다. 원래 도란 보이고 보이지 않는 경계, 들리고 들리지 않는 경계를 끊어야만 비로소 나타나는 것이라 하지 않았는가.[17]

또한 이 시에는 '야우野牛'라는 시어가 사용되고 있음을 볼 수 있다. 기구의 '본래 길들이기 어려운 법[本難馴]'이라는 시구에서 보이는 것처럼, 아직은 길들여지지 않은 소라는 의미이다. 이렇게 길들여지지 않은 소를 길들여 가는 과정이 불가에서는 수행의 과정으로 종종 비유하고 있는 것이다. 그리고 앞 장의 그림에서 살핀 것처럼, 수행의 과정에서 비유되는 소는 '검은 소'의 형상으로 나타나고 있음이다.

우습구나 소를 탄 그대여	可笑騎牛子
소를 탄 채로 다시 소를 찾는구나	騎牛更覓牛
그림자 없는 나무 베어 와서는	斫來無影樹
바다 한 가운데에 녹여 다하거라	銷盡海中漚

〈賽一禪和之求 −名守一 號霽月〉[18] 중에서

위는 소요 태능이 제월과 함께 나눈 시로, 무분별한 수행의 자세에 대해 이야기하고 있는 작품이다. 이미 수행의 결과 묘체를 보았음에도, 그 자체를 깨닫지 못하고 다시 무언가 찾으려하는 무분별함에 대해 깨우쳐주고 있는 것이다.

이 시에서는 '기우騎牛'와 '멱우覓牛'의 상징이 대조적으로 사용되었다. 기우는 흔히 수행을 과정을 마치고 도를 깨달은 뒤 소를 타고 오는 모습, 즉 오도의 과정에서 '하얀 소'로 표현되곤 한다. 반면 승구에 연속해서 나오는 '멱우'는 그 이전의 과정, 즉 수행의 과정에서 '검은 소'로 형상화되는 것이 일반적이다.

그러나 이 시에서 먼저 '기우'가 나오고 이어 '멱우'가 나온다는 것은 결국 수행자가 이미 깨우쳐 묘체를 찾았다고 할지라도 정작 본인은 그 사실을 알고 있지 못하다는 이야기이다. 그렇다면 결국 그 깨달음은 진정한 깨달음이 아닐 것이다. 그렇기 때문에 '이미 탄 소'는 하얀 소이겠으나, '다시 찾는 소'는 검은 소, 즉 흑우黑牛가 되는 것이다.

3.3 오도환원悟道還源의 상징, 백우白牛

오도환원이란 〈목우도〉에서 말하는 오도悟道의 과정, 즉 '목우牧牛 – 기우귀가騎牛歸家 – 도가망우到家忘牛 – 인우구망人牛俱忘 – 반본환원返本還源'의 다섯 단계를 총칭하는 용어이다. 다시 말해 수행의 결과로 얻은 깨달음의 경지를 통칭하는 용어인 것이다.

그러나 이 과정에서 소는 목우牧牛와 기우귀가騎牛歸家의 단계에서만 보인다. 비록 나머지 단계에서 소의 모습은 직접적으로 형상화되지 않았다고 할지라도 의미상 깨달음을 노래하고 있다고 여기기에 이 절에서는 오도환원으로서의 백우白牛로 설정한 것이다.

다음 시를 보자.

비니는 잎마다 부드러워	肥膩葉葉軟
한 번 씹을 양이면 달고 씀을 분별하네	一嚼辨甘苦
한여름에도 오히려 눈 내릴 듯 차가웁고	盛夏雪猶凝
찬 겨울에도 봄은 다하질 않네	寒冬春不老
엎드리고 싶으면 곧 편안히 엎드리고	要傾則便傾
눕고 싶으면 곧 편안히 누우니	要倒則便倒
습득은 껄껄껄 웃어대고	拾得笑呵呵
한산도 큰 웃음 그치지 않는다[19]	寒山長大口

〈雪山牧牛〉[20]

이 게송에는 소의 모습이 직접적으로 형상화되어 있지는 않다. 그러나 제목에서 보이듯이 소를 완전히 길들인 모습을 이야기하고 있다. 즉, 전구에 보이는 "엎드리고 싶으면 곧 편안히 엎드리고 눕고 싶으면 곧 편안히 눕는다."는 이야기는 이미 수행을 끝내고 묘체를 얻어 자유자재한 경지에 도달함을 보여주고 있는 것이다. 또한 이러한 경지에 대한 확인이라도 하듯, 습득과 한산은 큰 웃음을 거리낌 없이 보여주고 있는 것이다.

이 과정은 아직 길들여지지 않은 숫소의 자태, 즉 흑우의 모습이 점차 길들여져 그 자태를 벗고 백우의 모습으로 환원됨을 몇 가지 시어를 통해 보여주고 있다. '비니肥膩'가 바로 그 예인데, 이는 원래 설산雪山 즉 히말라야 산에 나는 풀을 말하는 것으로, 소가 이 풀을 먹으면 제호醍醐를 낸다고 한다.

이러한 풀을 먹고 달고 씀을 분별하게 되었으니, 이 풀이 곧 묘체에 이르는 방편이 아니겠는가. 게다가 제호는 제호상미醍醐上味의 준말로, 불교에서는 비교할 수 없이 좋은 맛, 곧 가장 숭고한 부처의 경지를 의미하는 말로 쓰이는데, 오도의 경지를 상징하는 백우가 아니라면 이러한 제호가 나올 리 만무한 것이다.

시냇가 이쪽저쪽 소를 놓아 기르는데	溪澗東西放牧牛
향기로운 풀 우거지고 물길은 유유하네	萋萋芳草水悠悠
등등하나 남의 곡식 침범하지 않으니	騰騰不犯他家苗
어찌 고삐 매어 얽어매어 두겠는가	何必繩頭緊把留

〈牧牛行〉[21]

이 작품은 소요태능의 〈목우행〉이라는 시이다. 전구에 보이는 시어 '등등騰騰'은 되는 대로 놓아둔다는 의미인데, 앞의 시구와 연결하면 이미 자재한 모습을 보다 분명하게 보여주려는 의도에서 선택한 시어라고 할 수 있겠다. 이미 오도의 경지에 이르렀으니 굳이 얽매일 것도 얽매이게 할 것도 없는 것이다.

우거진 풀이나 유유한 물길은 사라지지 않는 현상이며 실제이다. 그러나 이를 대하는 자의 마음이 어떠한가에 따라 이 현상은 달라질 수 있다. 묘체를 얻지 못했다 하여도 이러한 현상은 그대로이며, 묘체를 얻은 이후의 현상 또한 그대로인 것이다.

이는 선가에서 말하는 '산은 산이요, 물은 물이다.'의 현상에서 '산은 산이 아니요, 물은 물이 아니다.'는 경지를 거쳐, 다시 '산은 산이요, 물은 물이다.'의 경지에 이르는 과정과 같은 현상인 것이다. 다시 말해 오도의 경지에 이른 후의 현상은 그 이전의 현상과는 분명 같으면서도 또 다른 현상임을 말하고 있는 것이다. 이러한 경지에서 고삐조차 매어있지 않은 소야말로 오도를 상징하는 백우가 아니겠는가.

다음은 청허휴정(1520~1604)의 〈목암〉이라는 시이다.

피리 불며 소를 탄 사람	吹笛騎牛子
여기저기 마음껏 돌아다니네	東西任意歸
푸른 들판 안개비 속	靑原烟雨裏
도롱이는 어느새 몇 벌이나 닳았던가	費盡幾簑衣

〈題牧庵〉[22]

이 시에는 오도의 형상을 '기우騎牛'하여 '임의귀任意歸'하는 자재自在한 모습으로 표현하고 있다. 앞서 보았듯이 '기우귀가騎牛歸家'에 보이는 소는 백우白牛, 즉 하얀 소였다. 하얀 소를 탄 사람에게는 푸른 들판이든 안개비 속이든, 아니면 도롱이가 몇 벌이나 닳았든 전혀 구애가 됨이 없는 모습이다.

배꽃 천만 송이	梨花千萬片
청허원에 날아들고	飛入淸虛院
목동의 피리소리는 앞산을 지나가는데	牧笛過前山
사람도 소도 모두 보이지 않네	人牛俱不見

〈人境俱奪〉[23]

계속해서 휴정의 〈사람과 그 지경이 모두 없어짐〉을 노래한 작품이다. 이 시는 〈목우도〉에서 표현된 '인우구망人牛俱忘'과 '반본환원返本還源'의 단계를 함께 읊은 듯한 느낌을 준다. 인경구탈人境俱奪이란 밖의 경계인 객관客觀과 안의 경계인 주관主觀을 모조리 지워버린 진공眞空의 경지를 말한다. 이 진공의 경지가 바로 묘체요, 오도인 것이다. "여기서의 소는 존재의 본질로서 '본래면목本來面目', '주인공主人公', '마음[心]' 등과 같은 뜻을 형상화 한 것"[24]으로, 백우白牛의 모습으로 표현되고 있다.

이처럼 하얀 소는 묘체 혹은 오도의 경지를 상징하는 작품들에서 주로 사용되고 있음을 볼 수 있었다. 다시 말해, 소를 제재로 한 '오도시悟道詩'의 경우 대개 소의 형상은 '하얀 소', 즉 백우白牛로 표현되고 있음을 확인할 수 있을 것이다.

이상의 논의를 종합해보면, 먼저 소[牛]는 선가에서 '수행의 방편方便'과 '수행修行의 과정過程' 그리고 '묘체妙諦' 혹은 '오도悟道'의 상징임을 알 수 있다. 먼저 '수행의 방편'으로서의 소는 가우假牛 즉 '가짜 소', '인위적인 소'로 형상화되고 있었음을 확인하였으며, 주로 '시법시'에서 그러한 상징이 사용되고 있었다.

또한 '수행의 과정'에서 나타나는 소는 주로 흑우黑牛의 형상으로 표현되었다. 아직 길들여지지 않았으나 그것을 길들여 완성하는 과정을 거칠고 검은 숫소의 형상으로 표현하였던 것이다. 마지막으로 '오도' 혹은 '묘체'를 상징하는 소는 점차 거칠고 검은 자태를 벗고 하얀 소로 거듭나는 형상으로 표현됨을 알 수 있었다.

4. 나오며

이상으로 이 글에서는 우리의 선시 중에서 특히 '소[牛]'를 제재로 한 작품들을 대상으로 하여 그 상징성과 의미를 살펴보았다. 이를 위하여 먼저 제2장에서는 '소'가 선가에서는 어떠한 의미를 지니는지에 대해 살펴보았고, 계속해서 제3장에서는 작품 속에 나타난 소의 상징을 세분하여 살펴보았다. 그 결과 작품 속에서 소는 우선 세 가지의 모습으로 나타나고 있음을 궁구하였다. 첫 번째는 '가우假牛' 즉 '가짜 소'의 모습이며, 두 번째는 '흑우黑牛', 마지막은 '백우白牛'의 모습이었다.

먼저 가우는 선 수행의 방편을 일러주는 상징으로 사용되었으며, 이러한 가우의 형상으로 '진흙소[泥牛], 무쇠소[鐵牛], 나무소[木牛] 등이 있음을 확인할 수 있었다. 특히 당대의 선지식들은 수행자들을 위해 이러한 소의 형상을 빌어 선의 묘체를 알려주는 시법示法의 방편으로 삼았으며, 이런 이유로 선사들의 시법시示法詩에서 주로 가우의 모습을 확인할 수 있었던 것이다.

그리고 흑우는 선 수행의 과정에서 주로 보이고 있음을 〈목우도〉의 그림과 함께 궁구하였다. 아직 길들여지지 않은 소의 모습이 〈목우도〉에서는 흑우로 형상화되고 있었으며, 선사들의 시에서는 이러한 형상이 직접 보이지는 않으나 그 의미가 이러한 맥락과 상통함을 확인함으로써 흑우의 형상을 상징한다고 추론할 수 있었다.

마지막으로 백우는 고난한 선 수행의 과정을 거쳐 오도悟道에 이른 모습을 형상화하는 단계에서 보이고 있음도 확인하였다. 자유자재한 백우의 모습에서 나아가 아무 것도 보이지 않는 모습, 즉 무용無容에 이르기까지 그 의미는 바로 오도로 일관됨을 그림과 시로써 확인하였다. 또한 백우의 형상이 선사들의 오도시悟道詩에서 주로 보이는 것도 이를 반증하는 증거가 될 수 있을 것이다.

그러나 이와 관련한 기존의 연구는 대개 작품 자체의 의미와 수행의 과정을 설명하거나 오도의 모습을 찾아내려는 노력에 그친 면이 없지 않아 있었다. 작품에 내재된 제재의 상징을 찾아내려는 모습은 거의 보이지 않았던 것이다. 이런 면에 주목하여 본고에서는 제재 속에 내재된 상징을 찾아 그 양상을 분석해보고, 작시의 의도에 맞는 의미를 논구하고자 하였다. 그림과 시를 연결하는 과정에서 다소 논의의 천박함을 숨길 수 없으나, 이는 소를 제재로 한 더욱 많은 작품들을 발굴하고 논의하는 과정에서 보충할 수 있으리라 기대한다.

| 주 |

시조에 구현된 물[水]의 심상

1 정헌교, 「고시조에 나타난 천체·산·수 소재」, 『부산공전 연구논문집』 第19輯, 부산공업대학교, 1979.

2 사덕四德은 중국의 시자尸子가 물의 속성에 대하여 설파할 때 사용한 용어이다. 그는 "물에는 네 가지의 덕이 있다. 물은 群生을 목욕시키고, 만물을 뚫고 흐르니 이는 仁이요, 맑음을 드러내어 탁함을 없애고, 더러움을 휩쓸어 가니 이는 義요, 부드러우나 함부로 범하기 어렵고, 약하지만 능히 이겨내니 이는 勇이요, 江으로 이끌되 내를 거쳐 가득함을 싫어하고 겸허하게 흘러가니 이는 智이다."라고 하였다.(박준규, 『고산 윤선도의 생애와 문학』, 전남대학교출판부, 1997, 239쪽. 재인용.)

3 이 글에서 인용되는 시조 작품은 모두 박을수, 『한국시조대사전』(아세아문화사, 1992)에서 인용한다. 괄호 안의 숫자는 이 책에 수록된 가번이다.

4 박준규, 앞의 책, 240쪽.

5 박준규, 같은 책, 70쪽.

6 이 작품은 황진이의 작품이라고 알려져 있는 시와 초장만 다르다. 원 시조의 초장은 '靑山은 내 뜻이오 綠水는 님의 情이'이다.

7 이해웅, 「한국 고시조에 나타난 '물' -바슐라르의 '물'의 이론을 중심으로-」, 『어문학교육』 제2/3집, 한국어문교육학회, 1980, 188쪽.

8 辭曰 小溪之水 流而大堤 些所貴本源 波瀾淸且漣漣 些是知乎 聖人之敎 觀水有術(南極曄, 『愛景堂遺稿』).

시조에 나타난 국화[菊]의 심상

1 도연명이 국화와 연관되기 시작한 것은 〈飮酒〉라는 시를 지으면서부터라고 할 수 있을 것이다. 이 시 중 다섯 째 수에 '采菊東籬下 / 悠然見南山'이

라는 시구가 나오는데, 이중 '采菊東籬'는 우리 문학에서도 자주 원용되는 표현이라고 할 수 있다.

2 秋叢繞舍似陶家 遍遶籬邊日漸斜 不是花中偏愛菊 此花開盡更無花.

3 ……予謂菊花之隱逸者也……(주돈이, 〈애련설〉 중).

4 김기종, 「전통문화에서 표현된 사군자의 문화적 상징성」, 『중국조선어문』, 길림성민족사무위원회, 2005, 10~11쪽.

5 박을수 편저, 『한국시조대사전』(아세아문화사, 1992)과 『별책보유』(2007) 소재 시조 작품 중 개화기 이후 시조를 제외한 5,763편 가운데 '국화'가 주된 소재가 되었거나 제재가 된 작품의 수를 말한다.

6 고려속요가 당시의 평민들이 부르던 민요적 시가 장르라는 점을 감안한 진술이다.

7 李穡, 『牧隱詩藁』 卷之十九.

8 鄭澈, 『松江原集』 卷之一. 다른 문헌에는 간혹 〈咸山十月見菊花〉라는 제목으로 실려 있으며, 작품의 첫 구 또한 '天外無鴻信不來'로 적힌 경우도 있다.

9 임기중, 『한국가사문학주해연구』 2, 아세아문화사, 2005, 272~273쪽 참조. 작품의 원문 또한 이 책에서 재인용함.

10 최강현, 〈뭇 꽃들 지고 마지막 피우는 꽃〉, 이어령 책임편찬, 『국화』, 도서출판 종이나라, 2006, 67쪽.

11 김신중 외, 『호남의 시조문학』, 심미안, 2006, 15쪽, 재인용.

12 최승범, 〈국화꽃, 그대 한 잔 나도 한잔〉, 『시와 시학』 겨울호, 시와 시학사, 2002, 82~83쪽, 재인용.

13 최승범, 앞의 글, 83쪽.

14 인용된 시조 작품 말미의 번호는 박을수 편저, 『한국시조대사전』(아세아문화사, 1992)에 수록된 작품 번호를 의미한다.

15 이 작품은 『역대시조전서』 2436번의 작품과 동일한 작품으로 추정된다. 그리고 이 책에서는 이 작품의 지은이에 대해 미상이라고 언급하고 있다. 그 내용은 다음과 같다. "일슴거 느저피니 君子의 德이로다 / 風霜에 아니지니 烈士의 節이로다 / 世上에 陶淵明업스니 뉘라너를 닐니오"

16 서원섭, 『시조문학연구』, 형설출판사, 1979, 140쪽.

17 최강현, 앞의 글, 66쪽.

18 이상희·진태하, 〈국화의 어원과 관련어 풀이〉, 이어령 책임편찬, 앞의 책, 33쪽.

19 진동혁, 『주석 이세보시조집』, 정음사, 1985, 56쪽.

20 진동혁, 앞의 책, 같은 쪽, 참조.

21 최승범, 같은 글, 89쪽.

22 최강현, 같은 글, 69쪽.

23 장숙환, 〈장수를 꿈꾸는 여인의 꽃 국화〉, 이어령 책임편찬, 같은 책, 140쪽.

24 최승범, 같은 글, 85쪽.

25 회연會淵은 위의 작품을 포함하여 총 4수의 시조를 남겼는데, 대개 그 작품 내용에 '임'과 관련한 구절이 공통적으로 들어 있음을 확인할 수 있다.

26 박을수, 앞의 책, 上, 913쪽, 참조.

27 윤영옥, 『시조의 이해』, 영남대학교 출판부, 1986, 414~415쪽.

28 윤영옥, 위의 책, 415쪽.

시조에 나타난 국화[菊]의 심상

1 (상략) 天是地地是天 山是水水是山 僧是俗俗是僧 旣會得者个 便會得山是山水是水 僧是僧俗是俗 (하략) 慧諶, 〈示覺雲上人〉, 『眞覺國師語錄』, 『韓國佛教全書』 第六冊, 29쪽.

2 이종찬, 「新羅佛經諸疏와 偈頌의 文學性」, 『한국불가시문학사론』, 불광출판부, 1993, 25쪽.

3 김운학, 「십우송 고찰」, 『불교문학의 이론』, 일지사, 1990.
장순용, 『禪이란 무엇인가 – 십우도의 사상』, 도서출판 세계사, 1991.
일 지, 「선종십우도」, 『선의 세계』, 법홍 엮음, 도서출판 호영, 1992.
조태성, 「〈목우도〉의 십게송과 선시」, 『고시가연구』 제7집, 한국고시가문학회, 2000.

4 이하 이 책은 『韓佛全』이라 칭한다.

5 장순용, 앞의 책, 115쪽.

6 김운학, 앞의 책, 132쪽.

7 진 쿠퍼, 이윤기 옮김, 『그림으로 보는 세계 문화 상징 사전』(서울: 도서출판

까치, 2003), 260쪽, 참조.

8 그림 출처 : 배인법 作, 송광사 승보전 벽화.

9 이 작품에 대하여 석지현 편역, 『선시』(현암사, 1975)와 『선시감상사전』(1997, 민족사)에서는 그 지은이를 침굉 현변이라 밝히고 있으나, 현재 『枕肱集』에는 이 시가 존재하지 않는다. 또한 침굉의 한시에 대해 철저히 분석한 정혜란의 「枕肱의 漢詩 硏究」(전남대학교 박사학위논문, 2006)에서도 이 시의 존재는 보이지 않는다. 따라서 작자가 미상인 작품으로 분류해야 할 것으로 보인다.
원문은 석지현 편역, 『선시』(현암사, 1975), 107쪽에서 재인용함.

10 소요 태능, 『소요당집』, 『韓佛全』, 第八冊, 195쪽.

11 석지현 편역, 『선시』(현암사, 1975), 42쪽, 참조.

12 소요 태능, 위의 책, 192쪽.

13 雲門因僧問 如何是佛 門云 乾屎橛.

14 태고 보우, 『태고화상어록』 권상, 『韓佛全』 第六冊, 684쪽.

15 〈목우도〉는 흔히 '심우尋牛－견적見跡－견우見牛－득우得牛－목우牧牛－기우귀가騎牛歸家－도가망우到家忘牛－인우구망人牛俱忘－반본환원返本還源－입전수수入廛垂手'라는 열 개의 과정을 그림으로 표현하고 있다. 필자는 이를 다시 네 가지의 과정으로 나누어 살핀 바 있는데, '인지과정認識過程－수행과정修行過程－오도과정悟道過程－시법과정示法過程'이 그것이다. 흑우黑牛는 이중 주로 수행과정에 해당하는 그림에서 나타나고 있다(조태성, 「〈牧牛圖〉의 십게송과 선시」, 『古詩歌硏究』 第7輯, 한국고시가문학회, 2000.).

16 원감 충지, 『원감국사가송』, 『韓佛全』, 第六冊, 385쪽.

17 조태성, 앞의 논문, 299쪽.

18 소요 태능, 앞의 책, 188쪽.

19 습득拾得과 한산寒山은 당대唐代의 스님이자 기인으로도 유명함.

20 이 작품에 대하여 김달진 편역, 『한국선시』(열화당, 1994)에서는 그 지은이를 太古 普愚라고 밝히고 있다. 즉, 중암中庵이 계속해 여러 가지를 묻다가 "雪山에 소 먹이는 일이 어떠합니까?" 하고 물었을 때 스님이 이 게송으로 답한 것이라는 설명이 있다.
원문은 김달진 편역, 위의 책, 152쪽에서 재인용함.

21 소요 태능, 같은 책, 193쪽.

22 청허 휴정, 『청허집』 卷二, 『韓佛全』 第七冊, 681면. 김달진 편역, 같은 책, 250쪽에는 이 시의 제목이 〈贈牧庵〉으로 되어 있다.

23 청허 휴정, 위의 책, 684쪽.

24 석지현 편역, 같은 책, 492~493쪽.

참고문헌

[저서류]

南極曄,『愛景堂遺稿』.
李　穡,『牧隱詩藁』 卷之十九.
鄭　澈,『松江原集』 卷之一.
逍遙 太能,『逍遙堂集』.
圓鑑 冲止,『圓鑑國師歌頌』.
眞覺 慧諶,『眞覺國師語錄』.
淸虛 休靜,『淸虛集』 卷二.
太古 普愚,『太古和尙語錄』 卷上.

김달진 편역,『한국선시』, 열화당, 1994.
김신중 외,『호남의 시조문학』, 광주: 심미안, 2006.
김학성,『한국 시가의 담론과 미학』, 보고사, 2004.
동국대학교 한국불교전서편찬위원회편,『한국불교전서』, 동국대학교 출판부, 2002.
류연석,『시조와 가사의 해석』, 역락, 2006.
박을수 편저,『한국시조대사전』, 아세아문화사, 1991.
______,『별책보유』(『韓國時調大事典』), 아세아문화사, 2007.
박준규,『고산 윤선도의 생애와 문학』, 전남대학교출판부, 1997.
박철희,『한국시사연구』, 일조각, 1980.
서원섭,『시조문학연구』, 형설출판사, 1979.

석지현 편역, 『선시』, 현암사, 1975.
釋智賢, 『선시감상사전』, 민족사, 1997.
송호근, 『인민의 탄생』, 민음사, 2012.
______, 『시민의 탄생 – 조선의 근대와 공론장의 지각 변동』, 민음사, 2013.
신은경, 『사설시조의 시학적 연구』, 개문사, 1992.
______, 『풍류 – 동아시아 미학의 근원』, 보고사, 2006.
윤영옥, 『시조의 이해』, 영남대학교 출판부, 1986.
이광세, 『동양과 서양 두 지평선의 융합』, 도서출판 길, 1998.
이상보, 『한국불교가사전집』, 도서출판 민속원, 1996.
이어령 책임편찬, 『국화』, 도서출판 종이나라, 2006.
임기중, 『한국가사문학주해연구』 2/16, 아세아문화사, 2005.
장순용, 『禪이란 무엇인가 – 十牛圖의 사상』, 도서출판 세계사, 1991.
장은주, 『유교적 근대성의 미래』, 한국학술정보, 2014.
전국노동자협의회, 『전』 제6권, 2001.
전남대학교 감성인문학연구단 지음, 『공감장이란 무엇인가 – 감성인문학 서론』, 도서출판 길, 2017.
조동일, 『한국문학통사』 3, 지식산업사, 1998.
______, 『한국문학통사』 4, 지식산업사, 1998.
조태성, 『고전과 감성』, 전남대학교출판부, 2012.
______, 『감성시학의 새지평』, 전남대학교출판부, 2014.
진동혁, 『주석 이세보시조집』, 정음사, 1985.
최준식, 『한국의 종교, 문화로 읽는다』, 사계절, 1998.
황태연, 『감정과 공감의 해석학 1』, 청계, 2014.

[논문류]

강연호, 「김수영의 시 『사랑의 변주곡』 연구」, 『현대문학이론연구』 12, 현대문학이론학회, 1999.

고미숙, 「사설시조의 역사적 성격과 그 계급적 기반 분석」, 『어문논집』 30, 안암어문학회, 1991.

권석만, 「우울과 불안의 관계」, 『심리과학』 5, 서울대학교 심리과학연구소, 1996.

김승희, 「아리랑의 정신분석 – 상실에 맞서는 애도, 우울증, 열락의 언어」, 『비교한국학』 20, 국제비교한국학회, 2012.

김기종, 「전통문화에서 표현된 사군자의 문화적 상징성」, 『중국조선어문』, 길림성민족사무위원회, 2005.

김영주, 「한국 사회 노래 운동의 전개과정: 1980～1993 노래 운동 조직과 '민중가요'의 주제 변화를 중심으로」, 『사회와 역사』 44, 한국사회사학회, 1994.

김요한, 「수치심 문화와 죄의식 문화」, 『범한철학』 제64집, 범한철학회, 2012.

김운학, 「십우송 고찰」, 『불교문학의 이론』, 일지사, 1990.

김종진, 「19세기 불교가사의 작가 복원과 그 문화사적 함의」, 『국제어문』 35집, 국제어문학회, 2005.

김진희, 「女唱歌曲에 나타난 애정의 양상과 의미」, 『한국시가연구』 제29집, 한국시가학회, 2010.

김창남, 「민중가요의 대중음악사적 의의」, 『민족문화논총』 35집, 영남대 민족문화연구소, 2007.

김흥규, 「사설시조의 愛慾과 性的 모티브에 대한 재조명」, 『한국시가연구』 13집, 한국시가학회, 2003.

박노준, 「사육신 시조의 절의」, 『세종학연구』 제4호, 세종대왕기념사업회, 1989.

박민일, 「아리랑의 精神史」, 『강원문화연구』 제7집, 강원대학교 강원문화연구소, 1987.

박상영, 「사설시조에 드러난 일상성 담론과 미학, 그리고 근대」, 『시조학논총』 제37집, 한국시조학회, 2012.

박영신, 「사회이론에서의 '문화로의 전환'과 우리 학문」, 『사회이론』 봄/여름, 2005.

신은경, 「사설시조의 시학 연구」, 서강대학교 박사학위논문, 1988.

오주리, 「황동규 초기 시에 나타난 나르시시즘의 사랑 연구」, 『비평문학』 50, 한국비평문학회, 2013.

윤석산, 「동학 가사 〈검결劍訣〉 연구」, 『한국언어문화』 13집, 한국언어문화학회, 1995.

윤형덕, 「韓國詩歌의 情恨에 대한 硏究 – 가시리, 진달래꽃, 아리랑을 중심으로」, 『한국교통대학교논문집』 31집, 한국교통대학교, 1996.

이광호, 「김춘수 시에 나타난 호명과 시선의 문제」, 『현대문학의 연구』 46, 한국문학연구학회, 2012.

이기성, 「국가와 청춘 – 모윤숙 시에 나타난 내셔널리즘과 사랑」, 『현대문학의 연구』 38, 현대문학연구학회, 2009.

이상희·진태하, 〈국화의 어원과 관련어 풀이〉, 이어령 책임 편찬, 『국화』, 도서출판 종이나라, 2006.

이종찬, 「新羅佛經諸疏와 게송의 문학성」, 『한국불가시문학사론』, 불광출판부, 1993.

이형대, 「사설시조의 '몸'에 대한 인식과 재현의 근대성」, 『애산학보』 34집, 애산학회, 2008.

이해웅, 「韓國 古時調에 나타난 '물' – 바슐라르의 '물'의 이론을 중심으로」, 『어문학교육』 제2·3집, 한국어문교육학회, 1980.

일　지, 「선종십우도」, 『선의 세계』, 법홍 엮음, 도서출판 호영, 1992.
임경화, 「통합하는 민요, 저항하는 민요」, 『한국학연구』 제24집, 인하대학교 한국학연구소, 2011.
임기중, 「불교가사와 한국가사문학」, 『불교학보』 37집, 동국대학교 불교문화연구원, 2000.
임형택, 「황매천의 시인의식과 시」, 『창작과 비평』 19호, 창작과 비평사, 1970.
장경렬, 「사설시조의 어제와 오늘」, 『2002 만해축전』, 만해사상실천선양회, 2002.
장숙환, 〈장수를 꿈꾸는 여인의 꽃 국화〉, 이어령 책임편찬, 『국화』, 도서출판 종이나라, 2006.
전재강, 「고시조에서의 정치의식 표출의 양상」, 『시조학논총』 27집, 한국시조학회, 2007.
정혜란, 「침굉의 한시 연구」, 전남대학교 박사학위논문, 2006.
정헌교, 「고시조에 나타난 천체·산·수 소재」, 『부산공전 연구논문집』 제19집, 부산공업대학교, 1979.
조세형, 「사설시조의 중층성과 욕망의 언어」, 『한국고전여성문학연구』 7집, 한국고전여성문학회, 2003.
______, 「한국 애정시가의 전통과 시공간적 상상력」, 『국어국문학』 147, 국어국문학회, 2007.
조태성, 「〈목우도〉의 십게송과 선시」, 『고시가연구』 제7집, 한국고시가문학회, 2000.
______, 「불교가사 〈참선곡〉에 대하여」, 『한국언어문학』 47집, 한국언어문학회, 2001.
______, 「감성의 발현과 그 방식, 파장 혹은 스펙트럼」, 『감성연구』 창간호, 전남대학교 호남학연구원, 2010.
______, 「감성 메커니즘으로서의 애이불비 – 서정시의 계보학적 고찰을

중심으로」, 『한국문학이론과 비평』 55호, 한국문학이론과 비평학회, 2012.
______, 「텍스트를 통해 본 발분 메커니즘」, 『인간·환경·미래』 제10호, 인제대학교 인간환경미래연구원, 2013.
______, 「의와 인의 감성적 경계, 절명시의 비극적 숭고미」, 『한국고시가문화연구』 32집, 한국고시가문화학회, 2013.
______, 「한국 애정시 전개 논의를 위한 몇 가지 전제와 양상」, 『한국고시가문화연구』 34집, 한국고시가문화학회, 2014.
______, 「감성 발현체로서의 시조의 역동성」, 『시조학논총』 42집, 한국시조학회, 2015.
______, 「참요, 감성적 근대성의 한 징후」, 『호남문화연구』 제61집, 전남대 호남학연구원, 2017.
______, 「조선후기 종교가사와 공감장」, 『한국시가문화연구』 제40집, 한국시가문화학회, 2017.
조해숙, 「사설시조의 담당층과 문학적 성격」, 『국문학연구』 제9호, 국문학회, 2003.
최강현, 〈뭇 꽃들 지고 마지막 피우는 꽃〉, 이어령 책임편찬, 『국화』, 도서출판 종이나라, 2006.
최동호, 「한국 현대 민중가요의 통계적 분석과 그 의미 – 1945년부터 2000년까지」, 『비평문학』 21, 한국비평문학회, 2005.
최승범, 〈국화꽃, 그대 한 잔 나도 한잔〉, 『시와 시학』 겨울호, 시와 시학사, 2002.
최유준, 「대중음악과 민중음악 사이」, 『대중서사연구』 20, 대중서사학회, 2008.
최혜경, 「동학의 사회개혁사상과 동학농민혁명의 전개」, 『동학연구』 12집, 한국동학학회, 2002.

[기타]

기 도이처 지음, 윤영삼 역, 『그곳은 소, 와인, 바다가 모두 빨갛다 – 언어로 보는 문화』, 21세기북스, 2011.

위르겐 하버마스 지음, 한승완 옮김, 『공론장의 구조 변동』, 나남, 2001.

James W. kalat 외 지음, 민경환 외 옮김, 『정서심리학』, 시그마프레스, 2007.

J.M. 바바렛 지음, 박형신·정수남 옮김, 『감성의 거시사회학』, 일신사, 2007.

진 쿠퍼, 이윤기 옮김, 『그림으로 보는 세계 문화 상징 사전』, 도서출판 까치, 2003.

川本皓嗣, 「일본 시가에서 전통과 근대의 상호관계」, 『한국학논집』 43집, 한양대학교 한국학연구소, 2008.

피에르 부르디외·로익 바캉, 이상길 옮김, 『성찰적 사회학으로의 초대』, 그린비, 2015.

「나무위키」 홈페이지.

「식민지시대의 금지곡」, 고로케 블로그.

「Daum 사전」.

한국민족문화대백과사전 홈페이지(https://encykorea.aks.ac.kr/)

▪부기

이 책에 소개된 9개의 글들은 관련 학계에 이미 발표된 글들을 일부 수정하여 엮은 것이다. 자세한 서지사항은 다음과 같으며, 발간기관은 생략하였다.

연번	논문제목	발표지	발표연월
1	조선후기 종교가사와 공감장	한국시가 문화연구	2017.08
2	연대의 노래, 공동체의 형성	인간환경미래	2017.10
3	사설시조의 모더니티	한국고시가 문화연구	2015.08
4	울과 한의 접점 혹은 변주	감성연구	2016.09
5	부끄러움의 역설, 감성의 동역학	시조학논총	2016.01
6	한국애정시 전개 논의를 위한 몇 가지 전제와 양상	한국고시가 문화연구	2014.08
7	고시조에 구현된 물의 심상	시조학논총	2008.07
8	고시조에 나타난 국화의 심상	시조학논총	2007.08
9	한국선시에 나타난 소의 상징성	배달말	2007.06

찾아보기